recu

Ell

Camino a Cristo

«Me mostrarás la senda de la vida»
Salmo 16: 11

Versión para la recuperación de adicciones

Ellen G. White

Camino a Cristo

Safeliz

Camino a Cristo
Autora: Ellen G. White

Programa en 12 pasos

Manuscrito: Ray Nelson
Editores: David Sedlacek and Katia Reinert

Camino a Cristo Versión para la recuperación de adicciones

Coordinación del proyecto: Editorial Safeliz, S. L.
Diseño y desarrollo: Avatar Estudio
Imagen portada: Ludovic Fremondiere/Unsplash
Imágenes: Thinkstock

Editorial Safeliz, S. L.
Pradillo, 6 · Pol. Ind. La Mina
E-28770 · Colmenar Viejo, Madrid (España)
Tel.: [+34] 91 845 98 77 · Fax: [+34] 91 845 98 65
admin@safeliz.com · www.safeliz.com

Septiembre 2018: 1ª edición

ISBN: 978-84-7208-658-6

IMPRESO EN PORTUGAL
IMP11

Todas las citas bíblicas, salvo los casos en que se indica, son de la Nueva Versión Internacional (Castilian), 1999, 2005 (Biblica, Inc.).
Las referencias a otras versiones de la Biblia se reconocen por las siguientes abreviaturas:

BLP	Biblia La Palabra, 2010 (Sociedad Bíblica de España)
NBE	Nueva Biblia española (Ediciones Cristiandad)
NRV	Versión de Casiodoro de Reina y Cipriano de Valera, revisión del 2000 (Sociedad Bíblica Emanuel)
RVR95	Versión de Casiodoro de Reina y Cipriano de Valera, revisión de 1995 (Sociedades Bíblicas Unidas)

Todos los subtítulos, que van sin numerar dentro del texto de cada capítulo, no figuran en el original inglés. Se han colocado para facilitar la lectura y la búsqueda de citas.

Índice

Índice

Prefacio

Vergüenza, desaliento, culpa, desesperación, inutilidad y fracaso son sentimientos que comúnmente experimenta alguien que está cautivo por la adicción y los hábitos destructivos. Muchas adicciones y hábitos compulsivos tienen sus raíces en profundas heridas emocionales y puede tomar toda una vida cambiarlos. Desde que el pecado entró en este mundo, todos nosotros, de una forma u otra, hemos experimentado quebrantamiento y hemos luchado contra nuestras propias tendencias pecaminosas. Todos estamos en una travesía, y las travesías tienen puntos altos y puntos bajos. A veces nos sentimos como si estuviéramos continuamente en un camino cuesta arriba; en otras ocasiones podemos sentir que estamos en la profundidad del valle de la desesperación.

Es en momentos como estos, cuando nos sentimos identificados con el gran misionero y predicador, el apóstol Pablo, quien gráficamente describió nuestra lucha: «De hecho, no hago el bien que quiero, sino el mal que no quiero… Porque en lo íntimo de mi ser me deleito en la ley de Dios; pero me doy cuenta de que en los miembros de mi cuerpo hay otra ley, que es la ley del pecado. Esta ley lucha contra la ley de mi mente, y me tiene cautivo. ¡Soy un pobre miserable! ¿Quién me librará de este cuerpo mortal?» (Romanos 7: 19, 22-24, NVI).

¡Pero hay esperanza! Ese mismo Pablo, después de luchar con Dios en oración, suplicando por ayuda en medio de su quebrantamiento, exclamó «¡Gracias a Dios por medio de Jesucristo nuestro Señor!» (Romanos 7: 25, NVI). También compartió el mensaje que recibió de Dios: «Te basta con mi gracia, pues mi poder se perfecciona en la debilidad» (2 Corintios 12: 9, NVI).

El libro *El Camino a Cristo* ha ayudado a millones de personas en la travesía desde el quebrantamiento hasta la plenitud en Cristo. En el camino hacia la recuperación de las adicciones y la dependencia muchos también han encontrado valiosa ayuda en el enfoque de los 12 pasos, especialmente cuando reconocen a Cristo como el Poder Superior. Esta edición especial de *El Camino a Cristo* describe cómo los 12 pasos de recuperación se relacionan con los importantes principios encontrados en este libro, proporcionando comprensión práctica de cómo podemos, a pesar de nuestro quebrantamiento, experimentar libertad, paz y plenitud en Cristo. Nuestros mejores esfuerzos son débiles, pero el poder de

Prefacio

Cristo puede llenar nuestras mentes y vidas en la búsqueda de la rehabilitación de las adicciones y del pecado. En las páginas de este instructivo, tranquilizador y bellamente escrito libro, redescubrirás la bendición de la oración, de la rendición, de la búsqueda dentro de tu corazón encontrando la reconciliación con Dios y los demás. Tu también puedes tener la paz que proviene de ser perdonado y de perdonar a aquellos que te han dañado. A medida que leas en oración estas páginas redescubrirás tu propósito en la vida y encontrarás nueva confianza basada en Cristo para que en tu travesía puedas ser de bendición para otros.

Recomendamos encarecidamente que la persona interesada en crecer espiritualmente use la Biblia, esta edición de *El Camino a Cristo,* Versión para la recuperación de adicciones, así como la guía incluida al inicio de cada capítulo Travesía Hacia la Integridad. Estos son materiales prácticos e indispensables para superar adicciones, comportamientos compulsivos no saludables, tendencias pecaminosas y defectos de carácter. Se nos recuerda que «el Señor es el Espíritu; y, donde está el Espíritu del Señor, allí hay libertad» (2 Corintios 3: 17, NVI).

Que experimentes la alegría, la satisfacción, la esperanza, la paz y el amor de Dios, sabiendo que «Todo lo puedo en Cristo que me fortalece» (Filipenses 4: 13, NVI). ¡Esta es nuestra oración!

Dr. Peter Landless y Dra. Katia Reinert

ADVENTIST RECOVERY MINISTRIES GLOBAL

General Conference of Seventh-day Adventists

El mundo actual está repleto de gente desanimada y sin esperanza. Desde la caída de Adán y Eva descrita en la Biblia, Satanás ha tratado de tergiversar el carácter de Dios a los ojos de los seres humanos. Muchos han juzgado a Dios como injusto y frío, lo cual les ha llevado a buscar consuelo, sentido y curación a su desánimo por sí mismos, adoptando conductas adictivas destructivas que esclavizan y terminan causando más dolor.

El programa de recuperación en 12 pasos ha sido probado, demostrándose su eficacia durante más de 70 años ayudando a las personas a recuperarse de las adicciones y comportamientos compulsivos poco saludables. El modelo en 12 pasos ha sido utilizado por creyentes y comunidades religiosas en todo el mundo, invitando a muchos a confiar en un Dios amoroso como el Poder Superior, quien puede hacer por ellos lo que no pueden hacer por sí mismos.

Adventist Recovery Ministries (ARMin) Global es el ministerio de la Iglesia Adventista del Séptimo Día orientado a la recuperación de adicciones y utiliza el marco de los 12 pasos integrados con perspectivas bíblicas descritas en el libro *Camino a Cristo,* poniendo a Cristo en el centro para lograr la recuperación.

En esta edición de recuperación del *Camino a Cristo,* cada uno de los 12 pasos está en armonía con los capítulos del libro, ayudando al lector en su viaje personal hacia la curación y la restauración en Cristo.

A medida que realizas este viaje, es nuestro deseo que puedas experimentar una vida abundante, uniéndote a David en su alegre declaración: «Me mostrarás la senda de la vida» (Salmo 16: 11).

Amor supremo

Programa en 12 pasos

«Amor supremo»

Este capítulo de *El Camino a Cristo* sirve de introducción a la esperanza y a la ayuda disponible por medio del amor de Dios para la persona que tiene una adicción. Nosotros, los pecadores que somos adictos a los pensamientos obsesivos destructivos y a las conductas dañinas compulsivas, necesitamos saber que Dios es amor. En y por medio de Jesucristo, quien vino a nuestro mundo a mostrar el gran amor de Dios, podemos encontrar libertad de las adicciones, y restauración de la salud y la plenitud de vida a medida que avanzamos por ésta guiados por el Espíritu Santo.

¿Es posible que el servicio por amor ayude a las personas a liberarse de sus propias adicciones? La respuesta es un rotundo ¡SÍ! Un ejemplo de los resultados positivos del amor y el servicio surge de los primeros años de Alcohólicos Anónimos (AA): En 1935 el Dr. Robert Smith (conocido como Dr. Bob, un médico alcohólico) y Bill Wilson (Bill W., un alcohólico en rehabilitación en viaje de negocios de Nueva York) comenzaron lo que llegó a conocerse como el programa de 12 pasos que los llevó a liberarse de la adicción al alcohol. Su preocupación por otras personas sufriendo por el alcoholismo los llevó a compartir la filosofía de Alcohólicos Anónimos a través de las reuniones AA y el trabajo personal. Esto fue de ayuda para muchos al permitirles encontrar la libertad. Se le atribuye al Dr. Bob el haber guiado a otros 5.000 alcohólicos a la sobriedad antes de su fallecimiento en 1959.

Desgraciadamente, Satanás a menudo tiene éxito engañando a las personas con respecto al verdadero carácter de Dios. Eso lleva a que se imaginen a Dios como un juez severo en lugar de un padre amoroso. Debido a este malentendido, a muchas personas en rehabilitación se les hace difícil encontrar la ayuda que necesitan. Su concepto erróneo acerca de quién es Dios los conduce a la desesperanza que a menudo experimentan los adictos, al considerar su incapacidad para encontrar liberación del control que su adicción tiene sobre sus vidas.

Leeremos que Jesús, como el Hijo de Dios, vino a revelar el carácter de amor del Padre. Jesucristo desea ser el Dios de nuestro entendimiento. Mientras que el trabajo de Jesús en nuestro mundo puede atribuirse a personas que son literalmente consideradas «pobres», «cautivas», «ciegas» y «oprimidas», su trabajo también puede aplicarse a los adictos, que parecen estar lejos de Dios debido a sus **pobres** elecciones; aquellos que son **cautivos** y están sujetos a su adicción; aquellos que son **ciegos** a su verdadera condición; y aquellos que están **oprimidos** de muchas maneras, incluyendo ser sometidos a las duras críticas de los demás. A través de Cristo podemos desarrollar un carácter que represente nuestro vínculo con Dios como hijos suyos.

Dios nos guiará mientras ponemos en práctica los pasos de *El camino a Cristo*. Asimismo, descubriremos mensajes que respaldan cada uno de los 12 Pasos de rehabilitación. Estos pasos no solo nos ayudarán a liberarnos de nuestras adicciones, sino que también nos ayudarán a desarrollar un carácter parecido al de Cristo.

Amor supremo

La naturaleza y la revelación a una dan testimonio del amor de Dios. Nuestro Padre celestial es el manantial de vida, sabiduría y gozo. Mirad las maravillas y las bellezas de la naturaleza. Pensad en su prodigiosa adaptación a las necesidades y a la felicidad, no solamente del hombre, sino de todos los seres vivientes. El sol y la lluvia que alegran y refrescan la tierra, los montes, los mares y los valles, todo nos habla del amor del Creador. Dios es el que suple las necesidades diarias de todas sus criaturas. Ya el salmista lo dijo en las bellas palabras siguientes:

«Los ojos de todos se posan en ti, y a su tiempo les das su alimento. Abres la mano y sacias con tus favores a todo ser vivo» (Salmo 145: 15-16).

Dios hizo al hombre perfectamente santo y feliz. La hermosa tierra no tenía al salir de la mano del Creador mancha de decadencia ni sombra de maldición. La transgresión de la ley de Dios –es decir, de la ley de amor– fue lo que trajo consigo dolor y muerte.

En medio del sufrimiento resultante del pecado, sin embargo, se revela el amor de Dios. Está escrito que Dios maldijo la tierra por causa del hombre (Génesis 3: 17-18). Los cardos y espinas, las dificultades y pruebas que colman su vida

de afanes y cuidados, le fueron asignados para su bien –como parte de la preparación necesaria, según el plan de Dios– con el propósito de levantarlo de la ruina y degradación que el pecado había causado. El mundo, aunque caído, no es todo tristeza y miseria. En la misma naturaleza hay mensajes de esperanza y consuelo. Hay flores en los cardos y las espinas están cubiertas de rosas.

"Dios es amor" está escrito en cada capullo de flor que se abre, en cada brizna de naciente hierba. Los hermosos pájaros que con sus felices trinos llenan el aire de melodías, las flores exquisitamente matizadas que en su perfección lo perfuman, los elevados árboles del bosque con su rico follaje de viviente verdor, todos atestiguan el tierno y paternal cuidado de nuestro Dios y su deseo de hacer felices a sus hijos.

La Palabra de Dios revela su carácter. Él mismo declaró su infinito amor y piedad. Cuando Moisés suplicó a Dios: «Déjame verte en todo tu esplendor», el Señor respondió: «Voy a darte pruebas de mi bondad» (Éxodo 33: 18–19). Ésta es su gloria. El Señor pasó delante de Moisés y proclamó: «el Dios compasivo y clemente, paciente, misericordioso y fiel, que conserva la misericordia hasta la milésima generación, que perdona culpas, delitos y pecados» (Éxodo 34: 6–7 NBE). Él es «bondadoso y compasivo, lento para la ira y lleno de amor» (Jonás 4: 2), «pues se complace en el amor» (Miqueas 7: 18 BLP).

Evidencias del amor de Dios

Dios unió consigo nuestros corazones mediante innumerables pruebas de amor en los cielos y en la tierra. Valiéndose de las cosas de la naturaleza –así como de los lazos más profundos y tiernos que el corazón humano pueda conocer en la tierra– procuró revelarse a nosotros. Sin embargo, estas cosas representan imperfectamente su amor. Aunque se dieron todas estas pruebas evidentes, el enemigo del bien cegó el entendimiento de los hombres para que estos miraran a Dios con temor y lo considerasen severo e implacable. Satanás indujo a los hombres a concebir a Dios como un ser cuyo principal atributo es una justicia inexorable, como un juez severo, un acreedor duro y exigente. Representó al Creador como un ser que está velando con mirada vigilante para discernir los errores y las faltas de los hombres, con el propósito de hacer caer juicios sobre ellos.

A fin de disipar esta negra sombra –por medio de la revelación al mundo del amor infinito de Dios– vino Jesús a vivir entre los hombres.

El Hijo de Dios vino del cielo para manifestar al Padre. «A Dios nadie lo ha visto nunca; el Hijo unigénito, quien es Dios y que vive en unión íntima con el Padre, nos lo ha dado a conocer» (Juan 1: 18), «Nadie conoce al Hijo sino el Padre, y nadie conoce al Padre sino el Hijo y aquel a quien el Hijo quiera revelarlo» (Mateo 11: 27). Cuando uno de sus discípulos le pidió: «Muéstranos al Padre», Jesús respondió: «¡Pero, Felipe!

¿Tanto tiempo llevo ya entre vosotros, y todavía no me conoces? El que me ha visto a mí, ha visto al Padre. ¿Cómo puedes decirme: "Muéstranos al Padre"?» (Juan 14: 8-9).

Jesús dijo describiendo su misión terrenal: «El Espíritu del Señor [...] me ha ungido para anunciar buenas nuevas a los pobres. Me ha enviado a proclamar libertad a los cautivos y dar vista a los ciegos, a poner en libertad a los oprimidos» (Lucas 4: 18). Ésta era su obra. Anduvo haciendo el bien y sanando a todos los esclavizados por el diablo.

Había pueblos enteros donde no se oía un gemido de dolor en casa alguna porque él había pasado por ellos y sanado a todos sus enfermos. Su obra demostraba su unción divina. En cada acto de su vida revelaba amor, misericordia y compasión. Su corazón se dirigía lleno de tierna simpatía hacia los hijos de los hombres. Tomó la naturaleza del hombre para poder comprender sus necesidades y simpatizar con ellas. Los más pobres y humildes no tenían temor de acercarse a él. Hasta los niñitos se sentían atraídos hacia Jesús. Les gustaba subirse a sus rodillas y contemplar aquel rostro pensativo que irradiaba benignidad y amor.

Decir la verdad, pero con amor

Jesús no suprimió una palabra de la verdad, pero siempre la expresó con amor. En su trato con las personas hablaba con el mayor tacto, cuidado y amable atención. Nunca fue áspero ni pronuncio innecesariamente una palabra severa ni ocasionó a un alma sensible una pena inútil. No censuró la debilidad humana. Dijo la verdad, pero siempre con amor. Denunció la hipocresía, la incredulidad y la iniquidad; pero las lágrimas velaban su voz cuando profería sus penetrantes reprensiones. Lloró sobre Jerusalén, la ciudad que él amaba y que rehusó recibirlo a él, que era el camino, la verdad y la vida. Sus habitantes habían rechazado al Salvador, sin embargo él los consideraba con piadosa ternura.

Amor supremo

Fue la suya una vida de abnegación y de tierno cuidado por los demás. Cada alma era preciosa a sus ojos.

A la vez que se condujo siempre con dignidad divina, se inclinó con la más tierna consideración sobre cada uno de los miembros de la familia de Dios. En todos los hombres veía almas caídas a quienes era su misión salvar.

Tal fue el carácter que Cristo reveló en su vida. Tal es el carácter de Dios. Del corazón del Padre es de donde manan, para todos los hijos de los hombres, los raudales de la divina compasión manifestada en Cristo. Jesús, el tierno y piadoso Salvador, era Dios «manifestado en carne» (1 Timoteo 3: 16 RVR95).

El amor del Padre por sus hijos

Jesús vivió, sufrió y murió para redimirnos. Se hizo "varón de dolores" para que nosotros fuésemos hechos participantes del gozo eterno. Dios permitió que su Hijo amado –lleno de gracia y de verdad– viniese de un mundo de indescriptible gloria a un mundo corrompido y manchado por el pecado, oscurecido por la sombra de muerte y por la maldición. Permitió que dejase el seno de su amor y la adoración de los ángeles para sufrir vergüenza, insultos, humillación, odio y muerte. «sobre él recayó el castigo, precio de nuestra paz, y gracias a sus heridas fuimos sanados» (Isaías 53: 5). ¡Miradlo en el desierto, en el Getsemaní, en la cruz! El Hijo inmaculado de Dios tomó sobre sí la carga del pecado. El que había sido uno con Dios sintió en su alma la terrible separación que el pecado crea entre Dios y el hombre. Esto arrancó de sus labios el angustioso clamor: «Dios mío, Dios mío, ¿por qué me has desamparado?"» (Mateo 27: 46).

Fue la carga del pecado –el sentimiento de su terrible enormidad y de la separación que causa entre el alma y Dios– lo que quebrantó el corazón del Hijo de Dios.

Amor supremo

Ahora bien, este gran sacrificio no fue hecho para crear amor en el corazón del Padre hacia el hombre ni para moverlo a salvarnos. ¡De ninguna manera! «Porque tanto amó Dios al mundo, que dio a su Hijo unigénito» (Juan 3: 16). El Padre nos ama no a causa de la gran propiciación, sino que él mismo proveyó la propiciación porque nos ama. Cristo fue el conducto por el cual el Padre pudo derramar su amor infinito sobre un mundo caído.

«En Cristo, Dios estaba reconciliando al mundo consigo mismo» (2 Corintios 5: 19). Dios sufrió con su Hijo. En la agonía del Getsemaní y en la muerte del Calvario el corazón del amor infinito pagó el precio de nuestra redención.

Jesús declaró: «Por eso me ama el Padre: porque entrego mi vida para volver a recibirla» (Juan 10: 17). O dicho en otras palabras: "De tal manera os ha amado mi Padre, que me ama aún más porque doy mi vida por redimiros. Porque me hago vuestro sustituto y fiador, y porque entrego mi vida y asumo vuestras deudas, responsabilidades y transgresiones, resulto más caro a mi Padre, ya que, mediante mi sacrificio, Dios –sin dejar de ser justo– justifica al que cree en mí".

Nadie sino el Hijo de Dios podía efectuar nuestra redención; ya que solamente él, que estaba en el seno del Padre, podía darlo a conocer. Solamente él, que conocía la altura y la profundidad del amor de Dios, podía manifestarlo. Nada menor que el infinito sacrificio hecho por Cristo en favor del hombre caído podía expresar el amor del Padre hacia la perdida humanidad.

«Porque tanto amó Dios al mundo, que dio a su Hijo unigénito» (Juan 3: 16). Lo dio no sólo para que viviese entre los hombres, llevase sus pecados y muriese en su lugar como sacrificio, sino que lo dio a la raza caída. Cristo debía identificarse con los intereses y las necesidades de la humanidad. Él, que era uno con Dios, se vinculó con los hijos de los hombres mediante lazos que jamás serán quebrantados. Jesús «no se avergüenza de llamarlos hermanos» (Hebreos 2: 11).

Es nuestro sacrificio, nuestro abogado, nuestro hermano que lleva nuestra forma humana delante del trono del Padre; y por las edades eternas será uno con la raza a la que redimió: es el «Hijo del hombre».

Y todo esto para que el hombre fuese levantado de la ruina y degradación del pecado, para que reflejase el amor de Dios y compartiese el gozo de la santidad.

¿Cuánto vale un ser humano?

El precio pagado por nuestra redención –el sacrificio infinito que hizo nuestro Padre celestial al dar a su Hijo para que muriese por nosotros– debe darnos un concepto elevado de lo que podemos llegar a ser por intermedio de Cristo. El inspirado apóstol Juan, al considerar la altura, la profundidad y la amplitud del amor del Padre hacia la raza que perecía, se llena de adoración y reverencia. Y, no pudiendo encontrar lenguaje adecuado con que expresar la grandeza y ternura de este amor, exhorta al mundo a contemplarlo.

Amor supremo

«¡Fijaos qué gran amor nos ha dado el Padre, que se nos llama hijos de Dios!» (1 Juan 3: 1). ¡Cuán valioso hace esto al hombre!

Debido a la transgresión, los hijos de los hombres se han hecho súbditos de Satanás. Por la fe en el sacrificio expiatorio de Cristo, los hijos de Adán pueden llegar a ser hijos de Dios. Al adoptar la naturaleza humana, Cristo eleva a la humanidad. Los hombres caídos son colocados donde pueden vincularse con Cristo, y así llegar a ser en verdad dignos del título de "hijos de Dios".

Tal amor es incomparable. ¡Que podamos ser hijos del Rey celestial! ¡Promesa preciosa! ¡Tema de la más profunda meditación! ¡Incomparable amor de Dios para con un mundo que no lo amaba! Este pensamiento ejerce un poder subyugador que somete el entendimiento a la voluntad de Dios.

Cuanto más estudiamos el carácter divino a la luz de la cruz, tanto mejor vemos la misericordia, la ternura y el perdón unidos a la equidad y a la justicia; y más claramente discernimos las innumerables evidencias de un amor que es infinito, y de una tierna piedad que sobrepasa la compasión anhelante que siente una madre hacia su hijo extraviado.

La necesidad más urgente de todo ser humano

2 Programa en 12 pasos

«La más urgente necesidad del hombre» - Paso Uno

El primero de los 12 pasos es: «Admitimos que somos impotentes ante nuestras compulsiones, obsesiones y adicciones, y que nuestras vidas se han vuelto ingobernables».

En nuestras vidas hay momentos en que somos impotentes ante las circunstancias que nos rodean. En esos momentos, es posible que nos sintamos frustrados, enojados y fuera de control. O nos sentimos incomprendidos, solos y temerosos. La experiencia puede ser estresante y emocionalmente dolorosa. Esto puede llevarnos a encontrar consuelo en comer en exceso, ir de compras, escapar a través de los videojuegos o ver una película pornográfica. Aquellos de nosotros que somos adictos al alcohol o las drogas buscamos ayuda a través de la próxima bebida o droga elegida.

La primera admisión puede ser de adicciones específicas y su poder de control en nuestras vidas. El ciclo de la adicción nos muestra cómo el poder de la adicción gana control en nuestras vidas.

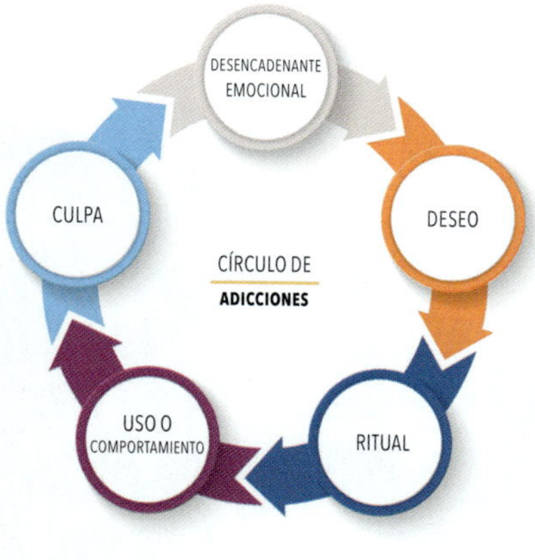

Un «desencadenante emocional» (sentirse mal, enojado, triste o temeroso) lleva al deseo, que puede comprender la activación de un ritual (prácticas habituales), el uso de una sustancia adictiva o comportamiento, y luego la culpa. Los sentimientos de culpa provocan más sentimientos negativos, lo que reinicia el ciclo de adicción. Para el adicto que no tiene ayuda, es casi imposible liberarse del ciclo interminable de la adicción.

A menudo escuchamos amonestaciones tales como «simplemente para», o «sigue intentándolo» o «esfuérzate aún más». Pero esto nunca llega a liberarnos de las adicciones. La paradoja central de este paso es que la admisión de la derrota permite una victoria que transforma la vida a través de la rehabilitación. La admisión de la impotencia sobre el pensamiento obsesivo y las conductas compulsivas y dañinas conduce a la aceptación de la ayuda de un poder superior a nosotros mismos.

Desde Adán y Eva, los seres humanos han tenido dificultades negando sus fallas. Culpan a los demás y se hacen los inocentes. La buena noticia es que no tenemos que actuar como si fuéramos inocentes, arreglarnos a nosotros mismos o negar nuestra enfermedad. La verdad de nuestra impotencia para cambiar se enfatiza en las palabras de este capítulo que aparecen a continuación:

Es imposible que escapemos por nosotros mismos del hoyo de pecado en el que estamos sumidos. Nuestro corazón es malo, y no lo podemos cambiar. «¿Quién podrá sacar cosa limpia de inmunda? Ninguno» (Job 14: 4). «El ánimo carnal es enemistad contra Dios; pues no está sujeto a la ley de Dios, ni a la verdad lo puede estar» (Romanos 8: 7). La educación, la cultura, el ejercicio de la voluntad, el esfuerzo humano, todos tienen su propia esfera, pero no tienen poder para salvarnos. Pueden producir una corrección externa de la conducta, pero no pueden cambiar el corazón; no pueden purificar las fuentes de la vida. Debe haber un poder que obre desde el interior, una vida nueva de lo alto, antes que el hombre pueda convertirse del pecado a la santidad. Ese poder es Cristo. Únicamente su gracia puede vivificar las facultades muertas del alma y atraer ésta a Dios, a la santidad.

La necesidad más urgente de todo ser humano

El hombre estaba dotado originalmente de facultades nobles y de un entendimiento bien equilibrado. Era perfecto en su ser y estaba en armonía con Dios. Sus pensamientos eran puros y sus propósitos santos. Pero, a causa de la desobediencia, sus facultades se pervirtieron y el egoísmo reemplazó al amor. Su naturaleza quedó tan debilitada por la transgresión, que ya no pudo –por su propia fuerza– resistir el poder del mal. Fue hecho cautivo por Satanás. Y hubiera permanecido así para siempre si Dios no hubiese intervenido de una manera especial. El tentador quería desbaratar el plan que Dios había tenido cuando creó al hombre. Así llenaría la tierra de sufrimiento y desolación. Y luego señalaría todo ese mal como resultado de la obra de Dios al crear al hombre.

En su estado sin pecado, el hombre mantenía una comunión gozosa con Aquél «en quien están escondidos todos los tesoros de la sabiduría y del conocimiento» (Colosenses 2: 3). Pero después de su pecado no pudo encontrar gozo en la santidad y procuró ocultarse de la presencia de Dios. Tal es aún la condición del corazón que no ha sido renovado. No está en armonía con Dios ni encuentra gozo en la comunión con él.

El pecador no podría ser feliz en la presencia de Dios. Rehuiría la compañía de los seres santos. Y si se lo pudiese admitir en el cielo, no se sentiría allí a gusto. El espíritu de amor abnegado que reina allí donde todo corazón responde al corazón del amor infinito– no haría vibrar en su alma cuerda alguna de simpatía. Sus pensamientos, intereses y motivos serían ajenos a los que mueven a los moradores celestiales que se hallan sin pecado. Sería una nota

discordante en la armonía del cielo. Este sería para él un lugar de tortura. Ansiaría esconderse de la presencia de Aquel que es la luz y el centro del gozo del cielo.

No es un decreto arbitrario de parte de Dios el que excluye del cielo a los impíos. Ellos mismos se han cerrado las puertas por su propia ineptitud para el compañerismo que allí reina. La gloria de Dios sería para ellos un fuego consumidor. Desearían ser destruidos a fin de ocultarse del rostro de Aquel que murió para salvarlos.

¿Hasta dónde llega el esfuerzo humano?

Es imposible que escapemos por nosotros mismos del foso del pecado en que estamos sumidos. Nuestro corazón es malo y no lo podemos cambiar. «¿Quién de la inmundicia puede sacar pureza? ¡No hay nadie que pueda hacerlo!» (Job 14: 4). «La mentalidad pecaminosa es enemiga de Dios, pues no se somete a la ley de Dios, ni es capaz de hacerlo» (Romanos 8: 7).

La educación, la cultura, el ejercicio de la voluntad, el esfuerzo humano, tienen su propia esfera, pero no tienen poder para salvarnos. Pueden producir una corrección externa de la conducta, pero no pueden cambiar el corazón ni purificar las fuentes de la vida. Es necesario que haya un poder que obre desde el interior, una vida nueva de lo alto, antes que el hombre pueda convertirse del pecado a la santidad. Ese poder es Cristo. Únicamente su gracia puede vivificar las facultades muertas del alma y atraerla a Dios y a la santidad.

El Salvador dijo: «Quien no nazca de nuevo» –a menos que reciba un corazón nuevo, nuevos deseos, y nuevos propósitos y nuevos motivos que lo guían a una nueva vida– «no puede ver el reino de Dios» (Juan 3: 3).

La idea de que lo único que hace falta es desarrollar lo bueno que existe en la naturaleza del hombre es un engaño fatal. «El que no tiene el Espíritu no acepta lo que procede del Espíritu de Dios, pues para él es locura. No puede entenderlo, porque hay que discernirlo espiritualmente» (1 Corintios 2: 14). «No te sorprendas de que te haya dicho: "Tenéis que nacer de nuevo"» (Juan 3: 7). De Cristo está escrito: «En él estaba la vida, y la vida era la luz de los hombres» (Juan 1: 4 RVR95). «De hecho, en ningún otro hay salvación, porque no hay bajo el cielo otro nombre dado a los hombres mediante el cual podamos ser salvos» (Hechos 4: 12).

No basta comprender la amorosa bondad de Dios ni percibir la benevolencia y la ternura paternal de su carácter. No basta discernir la sabiduría y justicia de su ley, y ver que está fundada sobre el eterno principio del amor.

El apóstol Pablo veía todo esto cuando exclamó: «Estoy de acuerdo en que la ley es buena», «la ley es santa, y que el mandamiento es santo, justo y bueno». Pero en la amargura de su alma agonizante y desesperada añadió: «Pero yo soy meramente humano, y estoy vendido como esclavo al pecado» (Romanos 7: 16, 12, 14). Ansiaba la pureza y la justicia que no podía alcanzar por sí mismo, y clamó: «Soy un pobre miserable! ¿Quién me librará de este cuerpo mortal?» (Romanos 7: 24).

La misma exclamación de corazones agobiados se ha producido en todos los lugares y en todos los tiempos. Hay una sola contestación para todos: «¡Aquí tenéis al Cordero de Dios, que quita el pecado del mundo!» (Juan 1: 29).

Ejemplos notables

Muchas son las figuras por las cuales el Espíritu de Dios ha procurado ilustrar esta verdad y hacerla clara para las almas que anhelan verse libres de la carga de culpabilidad.

Cuando Jacob huyó de la casa de su padre –después de haber pecado engañando a Esaú– estaba abrumado por el peso de su culpa. Se sentía solo, abandonado y separado de todo lo que le había hecho valiosa la vida. El único pensamiento que sobre todos oprimía su alma era el temor de que su pecado lo hubiese apartado de Dios y dejado desamparado del cielo. Embargado por la tristeza se recostó para descansar sobre la tierra desnuda. Estaba rodeado únicamente por las solitarias colinas y cubierto por el brillante manto de las estrellas de la bóveda celeste.

Después que se hubo dormido, una luz extraña embargó su visión; y he aquí que de la llanura donde estaba recostado, una inmensa escalera simbólica parecía conducir a lo alto, hasta las mismas puertas del cielo. Y los ángeles de Dios subían y descendían por ella, mientras que, procedente de la gloria de las alturas, se oyó la voz divina pronunciando un mensaje de consuelo y esperanza.

Así fue revelado a Jacob lo que satisfacía la necesidad y el ansia de su alma: un Salvador. Con gozo y gratitud vio que se le revelaba un camino por el cual él, aunque pecador, podía ser devuelto a la comunión con Dios. La mística escalera de su sueño representaba a Jesús, el único medio de comunicación entre Dios y el hombre.

A esta misma figura se refirió Cristo en su conversación con Natanael cuando dijo: «Veréis el cielo abierto, y a los ángeles de Dios subir y bajar sobre el Hijo del hombre» (Juan 1: 51).

Por su caída el hombre se enajenó de Dios y la tierra quedó separada del cielo. A través del abismo existente entre ambos no podía haber comunión alguna. Sin embargo, mediante el Señor Jesucristo, la tierra quedó nuevamente unida al cielo. Cristo fue, por sus propios méritos, el puente sobre el abismo que el pecado había abierto, de tal modo que, gracias a él, los hombres pueden tener comunión con los ángeles ministradores. Cristo une al hombre caído –en su debilidad y desamparo– con la fuente del poder infinito.

Los sueños de progreso

Vanos son los sueños de progreso de los hombres, vanos todos sus esfuerzos por elevar a la humanidad, si menosprecian la única fuente de esperanza y ayuda para la raza caída. «Toda buena dádiva y todo don perfecto» (Santiago 1: 17) provienen de Dios. Fuera de él no hay verdadera excelencia de carácter. Y el único camino para ir a Dios es Cristo, quien dice: «Yo soy el camino, la verdad y la vida. Nadie llega al Padre sino por mí» (Juan 14: 6).

El corazón de Dios suspira por sus hijos terrenales con un amor más fuerte que la muerte. Al dar a su Hijo nos ha vertido todo el cielo en un don. La vida, la muerte y la intercesión del Salvador, el ministerio de los ángeles, las súplicas del Espíritu Santo, el Padre que obra sobre todo y por todo, el interés incesante de los seres celestiales, todo es movilizado en favor de la redención del hombre.

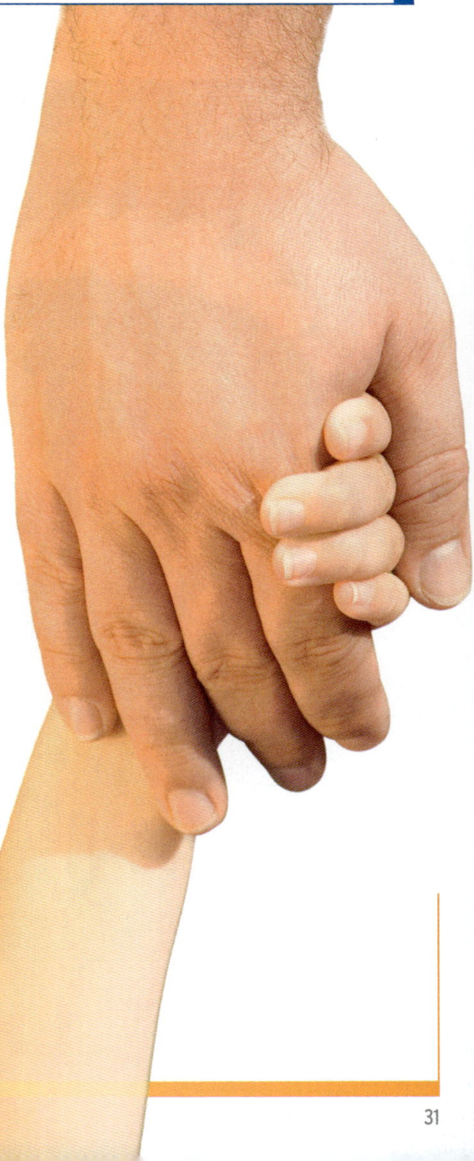

¡Oh, contemplemos el sacrificio asombroso que fue hecho para nuestro bien! Procuremos apreciar el trabajo y la energía que el cielo consagra a rescatar al perdido y hacerlo volver a la casa del Padre. Jamás podrían haberse puesto en acción motivos más fuertes y energías más poderosas.

¿Acaso los grandiosos galardones por el bien hacer, el disfrute del cielo, la compañía de los ángeles, la comunión y el amor de Dios y de su Hijo, la elevación y el acrecentamiento de todas nuestras facultades por las edades eternas, no son incentivos y estímulos poderosos que nos instan a dedicar a nuestro Creador y Redentor el amoroso servicio de nuestro corazón? Y, por otro lado, los juicios de Dios pronunciados contra el pecado –la retribución inevitable, la degradación de nuestro carácter y la destrucción final– se presentan en la Palabra de Dios para amonestarnos contra el servicio al diablo.

¿No apreciaremos la misericordia de Dios? ¿Qué más podía hacer él? Entremos en la debida relación con Aquél que nos ha amado con amor asombroso. Aprovechemos los medios que nos han sido provistos, a fin de que seamos transformados conforme a su semejanza y restituidos a la comunión de los ángeles ministradores, a la armonía y a la comunión con el Padre y con el Hijo.

Un poder maravilloso que convence

Programa en 12 pasos

«Un poder misterioso que convence» – Paso Dos

El segundo de los 12 pasos es: Llegar a creer que Jesucristo, un Poder superior a nosotros mismos, puede devolvernos el sano juicio.

Al comienzo de este capítulo, descubriremos que solo a través de Cristo podemos encontrar armonía y ser hechos santos. Al leer más, observaremos que «Él es la fuente de todo buen impulso. Es el único que puede implantar en el corazón enemistad contra el pecado». Lo siguiente claramente identifica el poder de Cristo como la partida, incluso para el pecador que aparentemente no profesa ser un seguidor de Cristo, para abandonar los malos hábitos (adicciones).

> Es verdad que a veces los hombres se avergüenzan de sus caminos pecaminosos y abandonan algunos de sus malos hábitos antes de darse cuenta de que son atraídos a Cristo. Pero siempre que, animados de un sincero deseo de hacer el bien, hacen un esfuerzo por reformarse, es el poder de Cristo el que los está atrayendo.

Y entonces no puede haber ninguna duda de que Jesucristo es un poder más grande que nosotros mismos. De hecho, todo arrepentimiento real –alejarse de las adicciones a los hábitos pecaminosos y dañinos– es resultado del poder de Cristo. Esto significa que Jesucristo es en realidad el Poder Superior. No hay mayor poder disponible para nosotros que somos desafiados por nuestras adicciones y necesitamos ayuda, si es que alguna vez vamos a encontrar libertad del control que estas adicciones tienen sobre nuestras vidas.

«Llegar a creer» es un proceso. Desgraciadamente muchos de nosotros, que ingresamos a un centro de tratamiento de adicciones o comenzamos a participar en un programa de rehabilitación de 12 pasos, encontramos muy difícil confiar en las personas con autoridad. Las personas con mayor poder que nosotros –como padres, parientes, maestros o líderes de la iglesia– nos han maltratado, descuidado y engañado. Como resultado, carecemos de la capacidad de confiar para que podamos llegar a creer.

Sin embargo, debido a nuestro apego a la comida, el trabajo, el alcohol, el sexo, las drogas u otras adicciones como una manera de eliminar los sentimientos dolorosos y encontrar satisfacción, paz, comodidad, alegría y felicidad, en realidad hemos hecho la adicción (o adicciones) nuestro dios (nuestro poder superior). Hemos adorado tanto nuestras adiciones como las relaciones poco saludables que nos tuvieron cautivos.

Afortunadamente, cuando participamos en una reunión de 12 pasos, aprendemos de otros participantes que comparten sus experiencias, fortaleza y esperanza. Llegamos a amar, aceptar y creer en la sabiduría colectiva del grupo como un «poder más grande que nosotros mismos». Con el tiempo, si no nos resistimos, descubriremos y nos daremos cuenta del poder de Jesucristo trabajando para hacer los cambios que son necesarios en nuestras vidas para el desarrollo del carácter, la salud y la plenitud de vida.

Cuando vemos cuán terribles son nuestros pecados y quiénes somos realmente cuando nos alejamos de Cristo, no necesitamos perder la esperanza y ceder al desaliento. Jesucristo tiene el poder para salvar a los pecadores que voluntariamente se arrepientan y se dejen guiar por él a una vida mejor.

Un poder maravilloso que convence

¿Cómo se justificará el hombre con Dios? ¿Cómo se hará justo el pecador? Sólo por intermedio de Cristo podemos ser puestos en armonía con Dios y con la santidad.

Ahora bien, ¿cómo hemos de ir a Cristo? Muchos formulan hoy la misma pregunta que hizo la multitud el día de Pentecostés cuando convencida de pecado exclamó: «¿Qué debemos hacer?» La primera palabra de la contestación del apóstol Pedro fue: «Arrepentíos». Poco después, en otra ocasión, dijo: «Arrepentíos y bautizaos cada uno de vosotros en el nombre de Jesucristo para perdón de vuestros pecados» (Hechos 2: 37-38; 3: 19).

El arrepentimiento abarca tristeza por el pecado y abandono del mismo. No renunciaremos al pecado a menos que veamos su malignidad. Mientras no lo repudiemos de corazón, no habrá cambio real en nuestra vida.

Muchos no comprenden la verdadera naturaleza del arrepentimiento. Muchísimas personas se entristecen por haber pecado –e incluso se reforman exteriormente–, pues temen que su conducta errónea les acarree sufrimientos. Pero esto no es arrepentimiento en el sentido bíblico, ya que lamentan el sufrimiento más bien que el pecado.

Tal fue el pesar de Esaú cuando vio que había perdido su derecho de primogenitura para siempre.

Balaam –aterrorizado por el ángel que estaba en su camino con la espada desenvainada– reconoció su culpa, pues temía perder la vida, sin embargo no experimentó un sincero arrepentimiento del pecado; no cambió de propósito ni aborreció el mal.

Judas Iscariote, después de traicionar a su Señor, exclamó: «He pecado porque he entregado sangre inocente» (Mateo 27: 4). Esta confesión fue arrancada a su alma culpable por un tremendo sentimiento de condenación y una pavorosa expectación de juicio. Las consecuencias que habría de cosechar lo llenaban de terror, pero no experimentó profundo quebrantamiento de corazón ni dolor en su alma por haber traicionado al Hijo inmaculado de Dios y negado al Santo de Israel.

Cuando el faraón de Egipto sufría bajo los juicios de Dios, reconocía su pecado a fin de escapar al castigo, pero volvía a desafiar al cielo tan pronto como cesaban las plagas.

Un poder maravilloso que convence

Todos los mencionados lamentaban los resultados del pecado, pero no experimentaban pesar por el pecado mismo.

Sin embargo, cuando el corazón cede a la influencia del Espíritu de Dios, la conciencia se vivifica y el pecador discierne algo de la profundidad y de lo sagrado de la santa ley de Dios, fundamento de su gobierno en los cielos y en la tierra. «La luz verdadera, la que alumbra a todo hombre, estaba llegando al mundo» (Juan 1: 9 NBE) para iluminar las cámaras secretas del alma y poner de manifiesto lo que la oscuridad mantenía oculto. La convicción se posesiona de la mente y del corazón. El pecador reconoce la justicia de Dios, y siente terror de aparecer en su propia culpabilidad e impureza delante del Escudriñador de los corazones. Ve el amor de Dios, la belleza de la santidad y el gozo de la pureza. Ansía ser purificado y restituido a la comunión con el cielo.

La oración de David

La oración de David después de su caída ilustra la naturaleza del verdadero dolor por el pecado. Su arrepentimiento fue sincero y profundo. No se esforzó por atenuar su culpa. Su oración no fue inspirada por el deseo de escapar al juicio que lo amenazaba.

David vio la enormidad de su transgresión y la contaminación de su alma. Aborreció su pecado. No solamente oró por el perdón, sino también por la pureza de corazón. Anheló poseer el gozo de la santidad y ser restituido a la armonía y comunión con Dios. El lenguaje de su alma fue el siguiente:

«Dichoso el que está absuelto de su culpa, a quien le han enterrado su pecado, dichoso el hombre a quien el Señor no le apunta el delito y cuya conciencia no queda turbia» (Salmo 32: 1-2 NBE).

«Ten compasión de mí, oh Dios, conforme a tu gran amor; conforme a tu inmensa bondad, borra mis transgresiones [...] Yo reconozco mis transgresiones; siempre tengo presente mi pecado [...] Purifícame con hisopo, y quedaré limpio; lávame, y quedaré más blanco que la nieve [...] Crea en mí, oh Dios, un corazón limpio, y renueva la firmeza de mi espíritu. No me alejes de tu presencia ni me quites tu santo Espíritu. Devuélveme la alegría de tu salvación [...] líbrame de derramar sangre, y mi lengua alabará tu justicia» (Salmo 51: 3-16).

Sentir un arrepentimiento como este es algo que supera nuestro propio poder; se obtiene únicamente de Cristo, quien ascendió a lo alto y dio dones a los hombres.

¿Qué es lo primero?

Precisamente en este punto es donde muchos pueden errar, y por ello no reciben la ayuda que Cristo quiere darles. Piensan que no pueden acudir a Cristo a menos que se arrepientan primero, y creen que el arrepentimiento los prepara para que sus pecados les sean perdonados.

Es verdad que el arrepentimiento precede al perdón de los pecados -porque es únicamente el corazón quebrantado y contrito el que siente la necesidad de un

Salvador–, pero para poder ir a Jesús, ¿es necesario que el pecador espere hasta haberse arrepentido? ¿Debe hacerse del arrepentimiento un obstáculo entre el pecador y el Salvador?

La Biblia no enseña que el pecador tenga que arrepentirse antes de que pueda aceptar la invitación de Cristo: «Venid a mí todos vosotros que están cansados y agobiados, y yo os daré descanso» (Mateo 11: 28).

La virtud procedente de Cristo es la que nos induce a un arrepentimiento genuino. El apóstol Pedro presentó el asunto de una manera muy clara cuando dijo a los israelitas: «Dios lo exaltó como Príncipe y Salvador, para dar a Israel arrepentimiento y perdón de pecados» (Hechos 5: 31).

Tan imposible es arrepentirse, si el Espíritu de Cristo no despierta la conciencia, como lo es obtener el perdón sin Cristo.

Cristo es la fuente de todo buen impulso. Él es el único que puede implantar en el corazón enemistad contra el pecado. Todo deseo de verdad y de pureza, y toda convicción de nuestra propia pecaminosidad, son evidencias de que su Espíritu está obrando en nuestro corazón.

Jesús dijo: «Pero yo, cuando sea levantado de la tierra, atraeré a todos a mí mismo» (Juan 12: 32). Cristo debe ser revelado al pecador como el Salvador que murió por los pecados del mundo. Y mientras contemplamos al Cordero de Dios sobre la cruz del Calvario, el misterio de la redención comienza a desplegarse ante nuestra mente y la bondad de Dios nos guía al arrepentimiento.

Al morir por los pecadores, Cristo manifestó un amor incomprensible; y a medida que el pecador lo contempla, este amor enternece el corazón, impresiona la mente e inspira contrición al alma.

El secreto del mejoramiento

Es verdad que, a veces, los hombres se avergüenzan de sus caminos pecaminosos y abandonan algunos de sus malos hábitos antes de darse cuenta de que son atraídos a Cristo. Ahora bien, siempre que –animados por un sincero deseo de hacer el bien– hacen un esfuerzo por reformarse, es el poder de Cristo el que los está atrayendo. Una influencia de la cual no se dan cuenta obra sobre su alma. Su conciencia se vivifica y su conducta externa se enmienda. A medida que Cristo los induce a mirar su cruz y a contemplar a Aquél que fue traspasado por los pecados de ellos, el mandamiento penetra más profundamente en sus conciencias. Les es revelada la maldad de sus vidas y el pecado que tienen tan profundamente arraigado en el alma. Comienzan a entender algo de la justicia de Cristo y exclaman:

–¿Qué es el pecado para que haya exigido tal sacrificio por la redención de su víctima? ¿Fue necesario todo este amor, todo este sufrimiento, toda esta humillación para que no pereciéramos sino que tuviéramos vida eterna?

El pecador puede resistir a este amor, puede rehusar ser atraído a Cristo; pero si no se resiste será atraído a Jesús. El conocimiento del plan de la salvación lo guiará al pie de la cruz arrepentido de sus pecados, los cuales causaron los sufrimientos del amado Hijo de Dios.

La misma mente divina que obra en la naturaleza habla al corazón de los hombres y crea en él un deseo indecible de algo que no tiene. Las cosas del mundo no pueden satisfacer su anhelo. El Espíritu de Dios les suplica que busquen lo único que puede dar paz y descanso: la gracia de Cristo y el gozo de la santidad. Nuestro Salvador está constantemente obrando –por medio de influencias visibles e invisibles– para atraer la mente de los hombres y llevarlos de los vanos placeres del pecado a las bendiciones infinitas que pueden obtener de él.

A todas esas almas que procuran vanamente beber en las cisternas agrietadas de este mundo, se dirige el mensaje divino: «El que tenga sed, venga; y el que quiera, tome gratuitamente del agua de la vida» (Apocalipsis 22: 17).

Un poder maravilloso que convence

Vosotros, en cuyo corazón existe el anhelo de algo mejor que cuanto el mundo pueda dar, reconoced en este deseo la voz de Dios que habla a vuestra alma. Pedidle que os dé arrepentimiento, que os revele a Cristo en su amor y en su pureza perfecta.

En la vida del Salvador fueron perfectamente ejemplificados los principios de la ley de Dios: el amor a Dios y al hombre. La benevolencia y el amor desinteresado fueron la vida de su alma. Cuando contemplamos al Redentor –y su luz nos inunda– es cuando vemos la pecaminosidad de nuestro corazón.

¿Crees ser bastante bueno?

Podemos lisonjearnos, como Nicodemo, de que nuestra vida ha sido integra, de que nuestro carácter moral es correcto, y pensar que no necesitamos humillar nuestro corazón delante de Dios como el pecador común. Pero cuando la luz de Cristo resplandezca en nuestra alma veremos cuán impuros somos; discerniremos el egoísmo de nuestros motivos y la enemistad contra Dios que han manchado todos los actos de nuestra vida. Entonces nos daremos cuenta de que nuestra propia justicia es, en verdad, como sucios harapos, y que solamente la sangre de Cristo puede limpiarnos de la contaminación del pecado y renovar nuestro corazón a la semejanza del Señor.

Un rayo de la gloria de Dios, o una vislumbre de la pureza de Cristo que penetren en el alma, hacen dolorosamente evidente toda mancha de contaminación y dejan al descubierto la deformidad y los defectos del carácter humano. Hacen patentes los deseos perversos, la incredulidad del corazón y la impureza de los labios. Los actos de deslealtad, por los cuales el pecador invalida la ley de Dios, quedan expuestos a su vista, y su espíritu se aflige y se oprime bajo la influencia escrutadora del Espíritu de Dios. En presencia del carácter puro y sin mancha de Cristo, el transgresor se aborrece a sí mismo.

Cuando el profeta Daniel contempló la gloria que rodeaba al mensajero celestial que le habla sido enviado, se sintió abrumado al sentir su propia debilidad e imperfección. Describiendo el efecto de la maravillosa escena relató: «Las fuerzas me abandonaron, palideció mi rostro, y me sentí totalmente desvalido» (Daniel 10: 8).

El alma así conmovida odiará su egoísmo y aborrecerá su amor propio, y, mediante la justicia de Cristo, buscará la pureza de corazón que armoniza con la ley de Dios y con el carácter de Cristo.

El apóstol Pablo dice que «en cuanto a la justicia que la ley exige» -es decir, en lo referente a las obras externas- era «intachable» (Filipenses 3: 6), pero cuando discernió el carácter espiritual de la ley se reconoció pecador. Juzgado por la letra de la ley -tal como los hombres la aplican a la vida externa- él se había abstenido de pecar; pero cuando miró en la profundidad de los santos preceptos y se vio como Dios lo veía, se humilló profundamente y confesó su culpabilidad: «En otro tiempo yo tenía vida aparte de la ley; pero cuando vino el mandamiento, cobró vida el pecado y yo morí. Se me hizo evidente que el mismo mandamiento que debía haberme dado vida me llevó a la muerte» (Romanos 7: 9-10). Cuando vio la naturaleza espiritual de la ley, se le manifestó el pecado en todo su horror, y su estimación propia se desvaneció.

El orgullo, el egoísmo y la codicia

No todos los pecados son de igual importancia delante de Dios. A su juicio existen grados de culpabilidad, como los hay a juicio de los hombres. Sin embargo, aunque este o aquel acto malo puedan parecer triviales a los ojos de los hombres, ningún pecado es pequeño a la vista de Dios. El juicio de los hombres es parcial e imperfecto, pero Dios ve todas las cosas como realmente son.

Se desprecia al borracho y se dice que su pecado lo excluirá del cielo, mientras que demasiado a menudo el orgullo, el egoísmo y la codicia no son reprendidos. Sin embargo, son pecados que ofenden en forma especial a Dios, pues son contrarios a la benevolencia de su carácter y al amor abnegado que es la misma atmósfera del universo no caído. El que comete alguno de los pecados más groseros puede avergonzarse y sentir su indigencia y necesidad de la gracia de Cristo; pero el orgulloso no siente necesidad alguna, y así cierra su corazón a Cristo y se priva de las infinitas bendiciones que él vino a derramar.

El pobre publicano oraba diciendo: «¡Oh Dios, ten compasión de mí, que soy pecador!» (Lucas 18: 13). Se consideraba como un hombre muy malvado, y así lo veían los demás. Pero sentía su necesidad de perdón, y con su carga de culpabilidad y de vergüenza se presentó a Dios e imploró su misericordia. Su corazón estaba abierto para que el Espíritu de Dios hiciese en él su obra de gracia y lo libertase del poder del pecado.

Un poder maravilloso que convence

La oración jactanciosa, llena de justicia propia, del fariseo, demostró que su corazón estaba cerrado a la influencia del Espíritu Santo. Debido a estar alejado de Dios, no tenía idea de su propia corrupción, que contrastaba con la perfección de la santidad divina. No sentía necesidad alguna, y nada recibió.

Si os dais cuenta de vuestro estado pecaminoso, no esperéis a ir a Dios hasta haberos hecho mejores a vosotros mismos.

¡Cuántos hay que piensan que no son bastante buenos para ir a Cristo! ¿Esperáis haceros mejores por vuestros propios esfuerzos?
«¿Puede un etíope cambiar de piel o una pantera de pelaje? Igual vosotros: ¿podréis enmendaros habituados al mal?» (Jeremías 13: 23 NBE).

Únicamente en Dios hay ayuda para nosotros. No debemos permanecer en espera de persuasiones más fuertes, de mejores oportunidades o de tener disposiciones más santas. Nada podemos hacer por nosotros mismos. Debemos ir a Cristo tal como somos.

Ahora bien, que nadie se engañe a sí mismo, pensando que Dios, en su gran amor y misericordia, salvará incluso a los que rechazan su gracia. La enorme corrupción del pecado puede medirse tan solo a la luz de la cruz.

Cuando los hombres insisten en que Dios es demasiado bueno para desechar al pecador, miren al Calvario. Cristo cargó con la culpa del desobediente y sufrió en lugar del pecador, porque no había otro medio para salvar al hombre, pues sin ese sacrificio era imposible que la raza humana escapase del poder contaminador del pecado y fuese restituida a la comunión con seres santos; imposible que volviese a participar de la vida espiritual.

El amor, los sufrimientos y la muerte del Hijo de Dios, todo atestigua la terrible enormidad del pecado y prueba que no hay modo de escapar de su poder, ni esperanza de la vida superior, sino mediante la sumisión del alma a Cristo.

Excusas

Algunas veces los impenitentes se excusan diciendo de los que profesan ser cristianos:

–Soy tan bueno como ellos. No son más abnegados, sobrios ni comedidos en su conducta que yo. Les atraen los placeres y la complacencia propia tanto como a mí.

Así hacen de las faltas ajenas una excusa para descuidar su deber. Pero los pecados y las faltas de otros no disculpan a nadie, porque el Señor no nos ha dado un modelo humano sujeto a error. El inmaculado Hijo de Dios es quien nos ha sido dado como ejemplo.

Los que se quejan de la mala conducta de quienes profesan ser creyentes deberían presentar vidas mejores y ejemplos más nobles. Si tienen un concepto tan alto de lo que un cristiano debería ser, ¿no es tanto mayor su pecado? Saben lo que es correcto y, sin embargo, rehúsan hacerlo.

Tened cuidado con las dilaciones. No posterguéis la obra de abandonar vuestros pecados y buscar la pureza del corazón por medio del Señor Jesús. Aquí es donde millares y millares han errado, causando así su perdición eterna.

No insistiré ahora en la brevedad e incertidumbre de la vida; pero se corre un peligro terrible –que no se comprende lo suficiente– al postergar el ceder a la voz suplicante del Espíritu Santo de Dios y preferir vivir en el pecado, pues esto es realmente lo que significa tal demora. Complacerse en el pecado –por pequeño que se lo considere– es correr el riesgo de una pérdida infinita. Lo que no venzamos nos vencerá y nos destruirá.

Adán y Eva se convencieron de que de un acto tan pequeño, como el comer la fruta prohibida, no podrían resultar consecuencias tan terribles como las que Dios había anunciado. Pero esa pequeña acción era una transgresión de la santa e inmutable ley de Dios. Separó al hombre de Dios y abrió las compuertas por las cuales se volcaron sobre nuestro mundo la muerte e innumerables desgracias.

Generación tras generación ha subido de nuestra tierra un continuo lamento de dolor; y toda la creación sufre y gime angustiosamente al unísono como consecuencia de la desobediencia del hombre. El cielo mismo ha sentido los efectos de la rebelión del hombre contra Dios.

Un poder maravilloso que convence

El Calvario se destaca como un recuerdo del sacrificio asombroso que se requirió para expiar la transgresión de la ley divina. No consideremos, pues, el pecado como algo trivial.

Cómo se endurece el corazón

Toda transgresión y todo descuido o rechazo de la gracia de Cristo, reacciona sobre vosotros, endurece el corazón, deprava la voluntad, entorpece el entendimiento, y no sólo os vuelve menos inclinados a ceder, sino también menos capaces de rendiros a las tiernas súplicas del Espíritu de Dios.

Muchos están apaciguando su conciencia inquieta con el pensamiento de que pueden cambiar el curso del mal cuando les plazca, que pueden tratar con ligereza las invitaciones de la misericordia y, sin embargo, seguir sintiendo las impresiones de ella. Piensan que después de menospreciar al Espíritu de gracia -después de someterse a la influencia de Satanás- pueden cambiar, en un momento de extrema necesidad, su modo de proceder. Pero esto no se logra tan fácilmente. La experiencia y la educación de una vida entera han amoldado de tal manera el carácter que, cuando ello ha sucedido, pocos desean recibir la imagen de Jesús.

Un solo rasgo malo del carácter, un solo deseo pecaminoso persistentemente albergado, neutraliza con el tiempo todo el poder del evangelio. Cada complacencia pecaminosa fortalece la aversión del alma hacia Dios. El hombre que manifiesta un descreído atrevimiento o una estólida indiferencia hacia la verdad divina, está segando la cosecha de su propia siembra.

En toda la Biblia no hay amonestación más terrible contra el hábito de jugar con el mal que estas palabras del sabio: «Al malvado lo atrapan sus malas obras» (Proverbios 5: 22).

Libertad del hombre

Cristo está dispuesto a libertarnos del pecado, pero no fuerza la voluntad; y si esta -debido a la persistencia en la transgresión- se inclina por completo al mal y no *deseamos* ser libertados ni *queremos* aceptar la gracia de Cristo, ¿qué más puede hacer él? Al rechazar deliberadamente su amor hemos labrado nuestra propia destrucción.

«Éste es el momento propicio de Dios; ¡hoy es el día de salvación!» (2 Corintios 6: 2). «Por eso, como dice el Espíritu Santo: "Si vosotros oís hoy su voz, no endurezcáis el corazón"» (Hebreos 3: 7-8).

«Dios no ve como los hombres, que ven la apariencia. El Señor ve el corazón» (1 Samuel 16: 7 NBE), el corazón humano con sus contradictorias emociones de gozo y de tristeza, el errabundo y voluble corazón, morada de tanta impureza y engaño. El Señor conoce sus motivos, sus intenciones y miras particulares. Id a él con vuestra alma completamente manchada, tal cual está. Abrid, como el salmista, sus cámaras al ojo que todo lo ve, exclamando: «Dios mío, sondéame para conocer mi corazón, ponme a prueba para conocer mis sentimientos: mira si mi corazón se desvía, guíame por el camino eterno» (Salmo 139: 23-24 NBE).

Muchos aceptan una religión intelectual -una forma de santidad- sin que el corazón esté limpio. Sea vuestra oración: «Crea en mí, oh Dios, un corazón limpio, y renueva la firmeza de mi espíritu» (Salmo 51: 10).

Sed leales con vuestra propia alma. Sed tan diligentes y tan persistentes como lo seríais si vuestra vida física estuviese en peligro. Éste es un asunto que debe decidirse entre Dios y vuestra alma. Es una decisión para la eternidad. Una esperanza supuesta -que no fuese sino esto- llegaría a ser vuestra ruina.

Estudiad la Palabra de Dios con oración. Esa Palabra os presenta -en la ley de Dios y en la vida de Cristo- los grandes principios de la santidad, «sin la cual nadie verá al Señor» (Hebreos 12: 14). Convence de pecado y revela plenamente el camino de la salvación. Prestadle atención como a la voz de Dios hablando a vuestra alma.

No te desesperes

Cuando veáis la enormidad del pecado cuando os veáis como sois en realidad- no os entreguéis a la desesperación pues Cristo vino a salvar precisamente a los pecadores.

No tenemos que reconciliar a Dios con nosotros, sino que -¡oh maravilloso amor!- «en Cristo, Dios estaba reconciliando al mundo consigo mismo» (2 Corintios 5: 19).

Por su tierno amor está solicitando a los corazones de sus hijos errantes que acudan a él. Ningún padre terrenal podría ser tan paciente con las faltas y los yerros de sus hijos como lo es Dios con aquéllos a quienes trata de salvar. Nadie podría argüir más tiernamente con el transgresor. Jamás enunciaron los labios humanos súplicas más tiernas que las dirigidas por Dios al extraviado. Todas sus promesas, así como sus amonestaciones, no son más que la expresión de su amor inefable.

Cuando Satanás acude a decirte que eres un gran pecador, alza los ojos a tu Redentor y habla de sus méritos. Lo que te ayudará será mirar su luz. Reconoce tu pecado, sí; pero di al enemigo que «Cristo Jesús vino al mundo a salvar a los pecadores» (1 Timoteo 1: 15), y que puedes ser salvado por su incomparable amor.

El Señor Jesús hizo una pregunta a Simón con respecto a dos deudores. El primero debía a su amo una suma pequeña y el otro una muy grande; pero a ambos se la condonó. Cristo preguntó a Simón cuál de los dos deudores amaría más a su señor. Simón contestó: «Aquel a quien más le perdonó» (Lucas 7: 43).

Hemos sido grandes deudores, pero Cristo murió para que fuésemos perdonados. Los méritos de su sacrificio son suficientes para presentarlos al Padre en nuestro favor. Aquéllos a quienes más haya perdonado, lo amarán más y estarán más cerca de su trono para alabarlo por su gran amor y su sacrificio infinito.

Cuanto más plenamente comprendamos el amor de Dios, tanto más nos percataremos de la perversidad del pecado.

Cuando vemos cuán larga es la cadena que se lanzó para rescatarnos y comprendemos algo del sacrificio infinito que Cristo hizo en nuestro favor, nuestro corazón se derrite de ternura y contrición.

Cómo obtener la paz interior

12 Steps Integration

«Para obtener la paz interior» - Pasos Tres, Cuatro y Cinco

El tercero de los 12 Pasos es: «Decidimos confiar nuestra voluntad y nuestra vida al cuidado de Dios».

Este capítulo de «obtener la paz interior» se relaciona con el tercer paso y también con los pasos cuatro y cinco. Todos tenemos que tomar decisiones de vida o muerte. Dios nos ha creado con la capacidad de pensar y considerar las elecciones que haremos en nuestras vidas. La libertad de elegir finalmente resulta en consecuencias buenas o malas. No decidir es también una decisión. Si no decidimos entregarnos al cuidado de Dios, seguiremos estando sujetos a nuestras propias ideas y adicciones defectuosas. El privilegio de hacer esta elección positiva tendrá como resultado grandes bendiciones para nosotros y para los demás. Dios no nos obliga a aceptar su voluntad; esa decisión es nuestra.

Antes de tomar la decisión de poner nuestra voluntad y nuestra vida bajo el cuidado de Dios, consideremos qué es necesario hacer para obtener un resultado positivo. ¿Cuáles son los requisitos (las reglas)?

Las condiciones indicadas para obtener la misericordia de Dios son sencillas, justas y razonables. El Señor no nos exige que hagamos alguna cosa penosa para obtener el perdón de nuestros pecados. No necesitamos hacer largas y cansadoras peregrinaciones, ni ejecutar duras penitencias, para encomendar nuestras almas al Dios de los cielos o para expiar nuestras transgresiones, sino que todo aquel que confiese su pecado y se aparte de él alcanzará misericordia.

El cuarto de los 12 pasos es: «Sin temor hacemos un sincero y minucioso examen de conciencia».

Este capítulo hace evidente que, antes de la confesión de la conducta pecaminosa (adictiva), es necesario que haya un reconocimiento de las adicciones específicas y los defectos de carácter que nos están causando problemas y separación de Dios.

Este paso tomará tiempo a medida que registramos nuestros pecados, adicciones y defectos de carácter. Este inventario puede contener resentimientos, miedos, ira

inapropiada, búsqueda de aprobación, cuidado, control, sentimientos negativos, aislamiento baja autoestima, sentido inapropiado de responsabilidad, expresión inapropiada de la sexualidad y debilidad de carácter. También podemos incluir las habilidades y fortalezas de carácter que Dios nos ha dado. Algunos de nosotros tendremos más dificultades que otros con este paso. Podremos encontrar útil invitar a un consejero o compañero en la responsabilidad para que trabaje con nosotros en el proceso de hacer este «inventario» (lista) de nosotros mismos. Contar con la guía del Espíritu Santo es de mucho valor para hacer nuestro inventario.

El quinto de los 12 pasos es: «Admitimos ante Dios, ante nosotros mismos y ante otro ser humano la naturaleza exacta de nuestras faltas».

> La verdadera confesión es siempre de un carácter específico y reconoce pecados particulares. Pueden ser de tal naturaleza que solo puedan presentarse delante de Dios. Pueden ser males que deban confesarse individualmente a los que hayan sufrido daño por ellos; pueden ser de un carácter público, y en ese caso deberán confesarse públicamente. Pero toda confesión debe hacerse definida y directa, para reconocer en forma definida los pecados de los que uno sea culpable.

Muchos de nosotros nos sentimos incómodos con lo que debemos realizar en este quinto paso. Es necesario que abiertamente le digamos a Dios que somos conscientes de los pecados específicos, las adicciones y los defectos de carácter que declaramos en nuestro inventario del cuarto paso. Aceptaremos responsabilidad personal por nuestras ideas y acciones defectuosas. Este paso también debe incluir admitir lo mismo ante nosotros mismos y ante otro ser humano.

Cuando admitimos con exactitud la naturaleza de nuestros errores ante otra persona, deberíamos tener cuidado de elegir a alguien en quien podamos confiar. Un consejero que entiende por su propia experiencia el valor de la rehabilitación en 12 pasos es alguien que puede ayudarnos en el futuro ofreciendo consejos sabios. Proverbios 11: 14 y 24: 6 nos indica que hay seguridad en la multitud de consejeros. Si bien esto es cierto, e indudablemente podemos aprender mucho de cada persona que comparte su caso en

una reunión, también es cierto que es conveniente tener mucho cuidado con qué y cuánto compartimos con los demás. Observe que este paso se refiere a «otro ser humano» y no a «otros seres humanos».

Al estar vulnerables y admitir ante otra persona nuestros errores, comenzamos a comprender el valor y la bendición que proviene de la interdependencia. Otro ser humano puede ayudarnos a encontrar puntos ciegos en nuestras vidas que impiden nuestro crecimiento cristiano. Necesitamos al menos una persona que pueda evaluarnos honestamente y darnos consejos sabios. Esta persona no puede leer nuestra mente, por lo tanto, estarán mucho mejor capacitados para ayudarnos en el proceso de rehabilitación si les reconocemos nuestras faltas y la naturaleza de lo que contribuye a los «errores» en nuestras vidas.

Cómo obtener la paz interior

«Quien encubre su pecado jamás prospera; quien lo confiesa y lo deja, halla perdón» (Proverbios 28: 13).

Las condiciones indicadas para obtener la misericordia de Dios son sencillas, justas y razonables. El Señor no nos exige que hagamos nada penoso para obtener el perdón de nuestros pecados. No necesitamos realizar largas y cansadoras peregrinaciones ni ejecutar duras penitencias, para encomendar nuestras almas al Dios de los cielos o para expiar nuestras transgresiones, sino que todo aquel que confiese su pecado y se aparte de él alcanzará misericordia.

Santiago apóstol dice: «Confesaos unos a otros vuestros pecados, y orad unos por otros, para que seáis sanados» (Santiago 5: 16). Sí, confesad vuestros pecados a Dios –el único que puede perdonarlos–, y vuestras faltas unos a otros. Si has dado motivo de ofensa a tu amigo o vecino tienes que reconocer tu falta, y es su deber perdonarte con buena voluntad. Entonces has de buscar el perdón de Dios, pues el hermano a quien ofendiste pertenece a Dios y, al perjudicarlo, pecaste contra su Creador y Redentor. La causa es presentada al único y verdadero mediador, nuestro gran Sumo Sacerdote, quien «tentado en todo de la misma manera que nosotros, aunque sin pecado», puede «compadecerse de nuestras debilidades» (Hebreos 4: 15) y limpiarnos de toda mancha de iniquidad.

Los que no han humillado su alma delante de Dios y no han reconocido su culpa, no han cumplido todavía la primera condición de la aceptación. Si no hemos experimentado ese arrepentimiento del cual nadie debe arrepentirse, y si no hemos confesado nuestros pecados con verdadera humillación de alma y quebrantamiento de espíritu –aborreciendo nuestra iniquidad–, no hemos buscado verdaderamente el perdón de nuestros pecados; y si nunca lo hemos buscado, no hemos encontrado la paz de Dios.

La única razón por la cual no obtenemos la remisión de nuestros pecados pasados, es que no estamos dispuestos a humillar nuestro corazón ni a cumplir las condiciones que impone la Palabra de verdad. Se nos dan instrucciones explícitas en cuanto a este asunto.

La confesión de nuestros pecados –ya sea pública o privada– debe ser de corazón y voluntaria. No debe ser arrancada al pecador. No debe hacerse de un modo ligero y descuidado, o exigirse de aquéllos que no tienen una comprensión real del carácter aborrecible del pecado. La confesión que brota de lo íntimo del alma sube al Dios de piedad infinita.

El salmista dice: «El Señor está cerca de los quebrantados de corazón, y salva a los contritos de espíritu» (Salmo 34: 18 NRV).

La verdadera confesión es siempre de un carácter específico y reconoce pecados particulares. Quizá sean de tal naturaleza que sólo puedan ser presentados delante de Dios. Pueden ser ofensas que deban confesarse individualmente a los que hayan sufrido daño por ellas; pueden ser de carácter público, y en este caso deberán confesarse públicamente. Ahora bien, toda confesión debería ser definida y directa, reconociendo de modo específico los pecados de los que uno mismo sea culpable.

El ejemplo de Israel

En los días de Samuel los israelitas se alejaron de Dios. Estaban sufriendo las consecuencias del pecado, pues habían perdido su fe en Dios, así como el discernimiento de su poder y de su sabiduría para gobernar a la nación, y no confiaban en la capacidad del Señor para defender y vindicar su causa. Se apartaron del gran gobernador del universo y desearon ser gobernados como las naciones que los rodeaban. Antes de encontrar paz hicieron esta confesión explícita: «A todos nuestros pecados hemos añadido la maldad de pedirle un rey» (1 Samuel 12: 19). Tenían que confesar el mismo pecado del cual se habían hecho culpables. Su ingratitud oprimía sus almas y los separaba de Dios.

La confesión no es aceptable para Dios si no va acompañada de un arrepentimiento sincero y de una reforma. Tiene que haber cambios decididos en la vida. Todo lo que ofenda a Dios debe ser abandonado. Tal será el resultado de una verdadera tristeza por el pecado. Lo que es necesario que por nuestra parte hagamos, se nos presenta claramente en las siguientes palabras:

«¡Lavaos, limpiaos! ¡Apartad de mi vista vuestras obras malvadas! ¡Dejad de hacer el mal! ¡Aprended a hacer el bien! ¡Buscad la justicia y reprended al opresor! ¡Abogad por el huérfano y defended a la viuda!» (Isaías 1: 16-17).

«En cambio, si le digo al malvado: "¡Morirás!", pero luego él se convierte de su pecado y actúa con justicia y rectitud, y devuelve lo que tomó en prenda y restituye lo que robó, y obedece los preceptos de vida, sin cometer ninguna iniquidad, ciertamente vivirá y no morirá» (Ezequiel 33: 14-15).

El apóstol Pablo, hablando de la obra del arrepentimiento, dice: «Fijaos lo que ha producido en vosotros esta tristeza que proviene de Dios: ¡qué empeño, qué afán por disculparse, qué indignación, qué temor, qué anhelo, qué preocupación, qué disposición para ver que se haga justicia! En todo habéis demostrado vuestra inocencia en este asunto» (2 Corintios 7: 11).

El pecado, al adormecer la percepción moral de quien obra mal, le impide discernir los defectos de su carácter y darse cuenta de la enormidad del mal que ha cometido. A menos que se rinda al poder convincente del Espíritu Santo, el pecador permanecerá parcialmente ciego a su pecado. Sus confesiones no son serias ni sinceras. Cada vez que reconoce su culpabilidad añade una disculpa de su conducta, al declarar que, si no hubiera sido por ciertas circunstancias, no habría hecho esto o aquello que se le reprocha.

El ejemplo de Adán y Eva

Un sentimiento de vergüenza y terror embargó a Adán y Eva después que hubieron comido de la fruta prohibida. Al principio sólo pensaban en cómo podrían excusar su pecado y escapar a la temida sentencia de muerte.

Cuando el Señor les preguntó por su pecado, Adán respondió echando la culpa en parte a Dios y en parte a su compañera: «La mujer que me diste por compañera me dio de ese fruto, y yo lo comí».

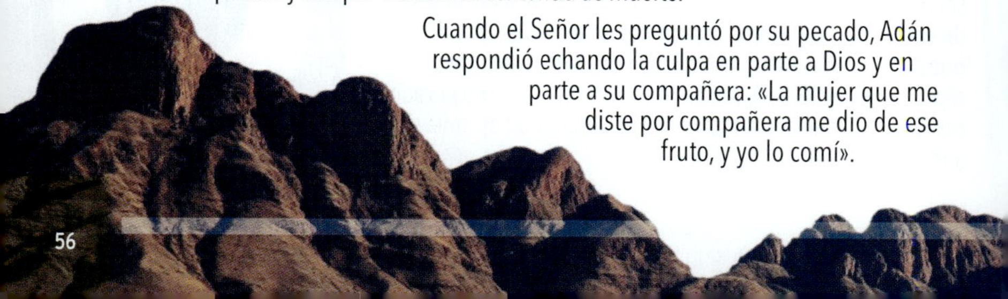

La mujer echó la culpa a la serpiente, diciendo: «La serpiente me engañó, y comí» (Génesis 3: 12-13).

-¿Por qué hiciste la serpiente? ¿Por qué permitiste que entrara en el Edén?

Éstas eran las preguntas implicadas en la excusa que dio por su pecado, haciendo, de este modo, responsable de su caída a Dios.

El espíritu de justificación propia tuvo su origen en el padre de la mentira, y lo han manifestado todos los hijos e hijas de Adán. Las confesiones de esta clase no son inspiradas por el Espíritu divino y no serán aceptadas por Dios. El arrepentimiento verdadero induce al hombre a aceptar su propia culpabilidad y reconocerla sin engaño ni hipocresía. Como el pobre -que no osaba ni aun alzar los ojos al cielo- exclamará:

-«¡Oh Dios, ten compasión de mí, que soy pecador!» (Lucas 18: 13).

Los que reconozcan así su culpabilidad serán justificados, porque el Señor Jesús presentará su sangre en favor del alma arrepentida.

Los ejemplos de arrepentimiento y humillación genuinos, presentados en la Palabra de Dios, revelan un espíritu de confesión que no busca excusas por el pecado ni intenta su propia justificación.

El apóstol Pablo no procuraba defenderse, sino que pintaba su pecado con los más oscuros tintes. Tampoco intentaba atenuar su culpa: «Con la autoridad de los jefes de los sacerdotes metí en la cárcel a muchos de los santos, y cuando los mataban, yo manifestaba mi aprobación. Muchas veces anduve de sinagoga en sinagoga castigándolos para obligarlos a blasfemar. Mi obsesión contra ellos me llevaba al extremo de perseguirlos incluso en ciudades del extranjero» (Hechos 26: 10-11). Él mismo declaró sin vacilar: «Cristo Jesús vino al mundo a salvar a los pecadores, de los cuales yo soy el primero» (1 Timoteo 1: 15).

El corazón humilde y quebrantado, enternecido por el arrepentimiento genuino, apreciará algo del amor de Dios y del valor del sacrificio del Calvario. Como el hijo que se confiesa a un padre amoroso, el que esté verdaderamente arrepentido presentará todos sus pecados delante de Dios.

Escrito está: «Si confesamos nuestros pecados, Dios, que es fiel y justo, nos los perdonará y nos limpiará de toda maldad» (1 Juan 1: 9).

La consagración

Programa en 12 pasos

«La consagración» – Paso Seis

El sexto de los 12 Pasos es: «Estamos enteramente dispuestos a que Dios elimine todos estos defectos de carácter».

Este paso es acerca de estar preparado. «Preparados o no, aquí vengo», es la advertencia que los niños le dan a otros niños cuando juegan a las escondidas. En lugar de usar este enfoque, Dios quiere que estemos completamente listos para la eliminación de nuestros defectos de carácter. En este capítulo encontraremos lo que se requiere para que Dios nos cambie. La cita siguiente nos provee una muestra de lo que Dios espera de nosotros para que él nos ayude en nuestra rehabilitación.

> Dios quiere sanarnos y libertarnos. Pero como esto exige una transformación completa y la renovación de toda nuestra naturaleza, debemos entregarnos a él completamente.

Dios no nos obliga a aceptar sus planes para que nos liberemos de los defectos de carácter que conducen a nuestros comportamientos pecaminosos y adictivos. Leemos lo siguiente sobre la libertad de elegir o rechazar sus planes para nosotros.

> Una mera sumisión forzada impediría todo desarrollo real del entendimiento y del carácter…
>
> Nos invita a entregarnos a él para que pueda cumplir su voluntad en nosotros. A nosotros nos toca decidir si queremos ser libres de la esclavitud del pecado para compartir la libertad gloriosa de los hijos de Dios.

La «enfermedad de la prisa» es algo que realmente contribuye a que las personas se sientan estresadas y ansiosas. La persona con esta «enfermedad» camina rápido, habla rápido y come rápido. Su día está lleno de actividad. Tienen mucho que hacer y muy poco tiempo para hacerlo. Cuando finalmente se van a la cama al terminar el día, toman pastillas para calmarse y dormir. Si estas personas se detuvieran lo suficiente, se darían cuenta de que están enfermos y cansados de estar enfermos y cansados.

A esas personas y a aquellos de nosotros que creemos que tenemos el control de nuestras vidas, Jesús dice: «"Venid a mí"... y yo os daré descanso» (Mateo 11: 28, NVI). Su regalo de descanso, paz y serenidad llega cuando reconocemos nuestra disposición para que elimine nuestros defectos de carácter. Él puede transformarnos mediante la renovación de nuestras mentes (Romanos 12: 2). Muchas personas en rehabilitación sienten que están recuperando sus mentes. Comienzan a pensar, en lugar de actuar impulsivamente sin pensar.

Dios espera pacientemente a que estemos listos para recibir su ayuda. No hay demandas, manipulaciones o invasiones de la privacidad mientras tomamos el tiempo que necesitamos para decidir que estamos listos. Dios es amable. Como un médico que comprende nuestra incomodidad, nos deja saber que el procedimiento que usa para eliminar nuestros defectos de carácter puede doler, pero no nos hará daño. El resultado final será mejor salud mental, física, social y espiritual.

La consagración

La promesa de Dios es: «Me buscaréis y me encontraréis, cuando me busquéis de todo corazón» (Jeremías 29: 13).

Debemos rendir a Dios todo el corazón, o de lo contrario no se realizará el cambio que se ha de efectuar en nosotros, por el cual hemos de ser restaurados conforme a la semejanza divina.

Por naturaleza estamos enemistados con Dios. El Espíritu Santo describe nuestro estado en palabras como estas: «Muertos en vuestras transgresiones y pecados» (Efesios 2: 1). «Toda su cabeza está herida, todo su corazón está enfermo [...] no les queda nada sano» (Isaías 1: 5-6). Nos sujeta firmemente «la trampa en la que el diablo» nos tiene «cautivos, sumisos a su voluntad» (2 Timoteo 2: 26).

Dios quiere sanarnos y libertarnos. Pero como eso exige una transformación completa y la renovación de toda nuestra naturaleza, tenemos que someternos a él completamente.

La lucha contra nosotros mismos es la batalla más grande que jamás se haya reñido. Rendir el yo, entregando todo a la voluntad de Dios, requiere una lucha. Sin embargo, para que el alma sea renovada en santidad es necesario que se someta antes a Dios.

El gobierno de Dios no se funda en una sumisión ciega ni en un control arbitrario, como Satanás quisiera hacerlo aparecer. Al contrario, apela al entendimiento y a la conciencia. «Venid, pongamos las cosas en claro» (Isaías 1: 18), es la invitación del Creador a los seres que formó. Dios no coacciona a sus criaturas. No puede aceptar un homenaje que no le sea otorgado de modo voluntario e inteligente. Una mera sumisión forzada impediría todo desarrollo real de la mente y del carácter: haría del hombre un simple autómata. Tal no es el designio del Creador. Él desea que el hombre, que es la obra maestra de su poder creador, alcance el más alto desarrollo posible. Nos presenta la cumbre de la bienaventuranza, a la cual quiere elevarnos mediante su gracia. Nos invita a entregarnos a él para que pueda cumplir su voluntad en nosotros. A nosotros nos toca decidir si queremos ser libres de la esclavitud del pecado para compartir la libertad gloriosa de los hijos de Dios.

Al consagrarnos a Dios debemos necesariamente abandonar todo aquello que nos separaría de él. Por eso dice el Salvador: «De la misma manera, cualquiera de vosotros que no renuncie a todos sus bienes, no puede ser mi discípulo» (Lucas 14: 33). Es preciso que renunciemos a todo lo que aleje nuestro corazón de Dios.

Las riquezas son el ídolo de muchos. El amor al dinero y el deseo de riquezas constituyen la cadena de oro que nos tiene sujetos a Satanás. Otros adoran la reputación y los honores del mundo. Una vida de comodidad egoísta –libre de responsabilidad– es el ídolo de otros. Pero estos lazos de servidumbre deben romperse. No podemos consagrar una parte de nuestro corazón al Señor y la otra al mundo. No somos hijos de Dios a menos que lo seamos enteramente.

El motivo de nuestras acciones

Hay quienes profesan servir a Dios a la vez que confían en sus propios esfuerzos para obedecer su ley, desarrollar un carácter recto y asegurarse la salvación. Sus corazones no son movidos por ningún sentimiento profundo del amor de Cristo, sino que procuran cumplir los deberes de la vida cristiana como algo que Dios les exige para ganar el cielo. La religión planteada así, no tiene valor alguno.

Cuando Cristo mora en el corazón, el alma se encontrará de tal manera saturada de su amor y del gozo de su comunión que se unirá a él; y contemplándolo se olvidará de sí misma. El amor a Cristo es el móvil de sus acciones.

Los que se sienten motivados por el amor de Dios no preguntan cuánto es lo menos que pueden darle para satisfacer lo que él requiere; no preguntan cuál es la norma más baja, sino que aspiran a una perfecta conformidad con la voluntad de su Redentor. Con ardiente deseo lo entregan todo y manifiestan un interés proporcional al valor del objeto que buscan.
El profesar que se pertenece a Cristo, sin sentir ese amor profundo, es mera palabrería, árido formalismo, gravosa y pesada tarea. ¿Crees que es un sacrificio demasiado grande darlo todo a Cristo? Pregúntate:

–¿Qué dio Cristo por mí?

El Hijo de Dios lo dio todo para redimirnos: vida, amor y sufrimientos. ¿Es posible que nosotros –seres indignos de tan grande amor– retengamos nuestro corazón en lugar de entregárselo?

Cada momento de la vida hemos compartido las bendiciones de su gracia, y por esta misma razón no podemos comprender plenamente las profundidades de la ignorancia y de la miseria de las que hemos sido salvados.

¿Es posible que veamos a Aquél a quien traspasaron nuestros pecados y, sin embargo, estemos dispuestos a menospreciar todo su amor y sacrificio? Viendo la humillación infinita del Señor de la gloria, ¿murmuraremos porque no podemos entrar en la vida eterna sino a costa de conflictos y humillación propia?

Muchos corazones orgullosos preguntan:

–¿Por qué necesitamos arrepentirnos y humillarnos antes de poder tener la seguridad de que somos aceptados por Dios?

Yo os señalo a Cristo. En él no había pecado alguno, y –lo que es más– él era el Príncipe del cielo; pero por amor al hombre llegó a ser pecado [en la cruz] para salvar a la raza humana. «Fue contado entre los transgresores. Cargó con el pecado de muchos, e intercedió por los pecadores» (Isaías 53: 12).

¿Y qué abandonamos nosotros cuando lo damos todo? Un corazón manchado de pecado para que Jesús lo purifique y lo limpie con su propia sangre, para que lo salve con su incomparable amor. ¡Y a pesar de ello los hombres hallan difícil renunciar a todo! Me avergüenzo de oírlo y de escribirlo.

Dios desea nuestra felicidad

Dios no nos pide que renunciemos a algo cuya retención contribuiría a nuestro mayor provecho. En todo lo que hace tiene presente el bienestar de sus hijos. ¡Ojalá que todos aquellos que no han decidido seguir a Cristo pudieran comprender que él tiene algo muchísimo mejor que ofrecerles que cuanto están buscando por sí mismos!

El hombre inflige el mayor perjuicio e injusticia a su propia alma cuando piensa y obra de un modo contrario a la voluntad de Dios. Ningún gozo real puede haber en el sendero prohibido por Aquél que conoce lo que es mejor y proyecta el bien de sus criaturas. La senda de la transgresión es el camino de la miseria y de la destrucción.

Es un error dar cabida a la idea de que Dios se complace en ver sufrir a sus hijos. Todo el cielo está interesado en la felicidad del hombre. Nuestro Padre celestial no cierra las avenidas del gozo a ninguna de sus criaturas. Los requerimientos de Dios nos invitan a rehuir todas las complacencias que traen consigo sufrimiento y desengaños, y que nos cerrarían la puerta de la felicidad y del cielo.

El Redentor del mundo acepta a los hombres tal y como son: con todas sus necesidades, imperfecciones y debilidades. Y no solamente los limpiará de pecado y les concederá redención por su sangre, sino que satisfará el anhelo del corazón de todos los que consientan en llevar su yugo y su carga. Desea dar paz y descanso a todos los que acudan a él en busca del pan de vida. Nos pide, únicamente, que cumplamos los deberes que guían nuestros pasos a las alturas de una felicidad que los desobedientes no pueden nunca alcanzar. La vida verdadera y gozosa del alma consiste en que se forme en ella Cristo, la esperanza de gloria.

El poder de la voluntad

Muchos se preguntan: –¿*Cómo* me entregaré a Dios?

Deseas hacer su voluntad, pero eres débil en poder moral, esclavo de la duda y dominado por los hábitos de tu vida de pecado. Tus promesas y resoluciones son para ti una seguridad engañosa, cual hilo de araña. No puedes gobernar tus pensamientos, impulsos y afectos. El conocimiento de tus promesas no cumplidas y de tus votos quebrantados debilita la confianza en tu propia sinceridad, y te induce a sentir que Dios no puede aceptarte. Sin embargo no tienes por qué desesperar. Lo que debes comprender es la verdadera fuerza de la voluntad. Éste es el poder gobernante en la naturaleza del hombre, la facultad de decidir o de escoger.

Todo depende de la correcta acción de la voluntad. Dios dio a los hombres el poder de elegir; a ellos les toca ejercerlo.

No podéis cambiar vuestro corazón, ni dar por vosotros mismos sus afectos a Dios; pero podéis *elegir* servirle. Podéis darle vuestra voluntad para que él obre en vosotros tanto el querer como el hacer, según su buena voluntad. De ese modo vuestra naturaleza entera estará bajo el dominio del Espíritu de Cristo, vuestros afectos se concentrarán en él y vuestros pensamientos se pondrán en armonía con él.

Está bien desear la bondad y la santidad; pero si no vais más allá del deseo de nada os servirá. Muchos se perderán esperando y deseando ser cristianos. No llegan al punto de entregar su voluntad a Dios. No *eligen* ser cristianos ahora mismo.

Por medio del debido ejercicio de la voluntad puede realizarse un cambio completo en vuestra vida. Al entregar vuestra voluntad a Cristo os unís con el poder que está sobre todo principado y potestad. Tendréis fuerza de lo alto para sosteneros firmes. Rindiéndoos así constantemente a Dios seréis fortalecidos para vivir la vida nueva, la vida de la fe.

Maravillas obradas por la fe

«Maravillas obradas por la fe» - Paso Siete

El séptimo de los 12 Pasos es: «Pedimos a Dios humildemente que nos libre de nuestras culpas».

Este capítulo sobre la fe y la aceptación nos recuerda el poder del pecado en nuestras vidas. Nuestras deficiencias que son el resultado de nuestros pensamientos dañinos, obsesiones y comportamientos confirman la verdad de los párrafos introductorios. De hecho, los poderes espirituales cobran vida a medida que el Espíritu Santo nos capacita para ver cuán malvado y fuerte es el pecado. Necesitamos el perdón del cielo, la paz y el amor. La promesa de Dios es que, a pesar de que nunca podemos esperar recibir esta paz por nuestro propio trabajo y poder; tenemos su palabra de que nos ofrece como un regalo su paz.

Note que los enfermos que tenían fe en el poder de Jesús y aceptaban su regalo de salud, recibían la capacidad de levantarse de sus lechos de enfermedad. Los sentimientos de impotencia y desesperanza podrían haberlos privado de que humildemente creyeran en la palabra de Jesucristo y que como resultado encontraran salud y plenitud.

> No aguardes hasta sentir que estás sano, mas di: «Lo creo; así es, no porque lo sienta, sino porque Dios lo ha prometido».

Si no nos sentimos desalentados por lo que parecen ser oraciones sin respuesta para la liberación de la esclavitud a nuestras adicciones, es nuestro orgullo el que a menudo se interpone en el camino de pedirle a Dios lo que necesitamos. Tal vez crecimos en una familia donde nuestros pedidos de ayuda eran generalmente ignorados o rechazados. Ya sea conscientemente o inconscientemente podemos haber decidido ser autosuficientes y no pedir ayuda a nadie ni siquiera a Dios.

Ésta forma de orgullo –o cualquier otra– nos impedirá pedir humildemente a Dios que elimine nuestros defectos. Jesús nos instruye a que pidamos y recibiremos (véase Lucas 11: 9,10). Esto significa que cuando pedimos humildemente, podemos esperar recibir.

Olvidamos que cuando le pedimos a Dios que elimine nuestros defectos, él está aun más dispuesto que un padre terrenal a dar buenos regalos a sus hijos (véase

Lucas 11:13). Justo a mitad de este capítulo leeremos acerca del deseo de Jesús de que nosotros humildemente vengamos a él con tristeza por nuestro pecado y aceptemos su sanidad y purificación.

> Jesús se complace en que vayamos a él como somos: pecaminosos, desvalidos y necesitados. Podemos ir con toda nuestra debilidad, insensatez y pecaminosidad, y caer arrepentidos a sus pies. Es su gloria rodearnos con los brazos de su amor, vendar nuestras heridas y limpiarnos de toda impureza.

Finalmente, este capítulo terminará con la seguridad de que cuando nos acerquemos a Dios, confesemos nuestros pecados (defectos) y nos arrepintamos, él cambiará nuestras vidas haciéndonos similares a su vida perfecta. Él se acercará a nosotros con misericordia y perdón.

Maravillas obradas por la fe

A medida que vuestra conciencia va siendo vivificada por el Espíritu Santo os vais dando algo de cuenta de la perversidad del pecado, de su poder, de su culpa y de su desgracia. Como consecuencia, lo miráis con aborrecimiento. Sentís que el pecado os separó de Dios y que estáis bajo la servidumbre del poder del mal. Cuanto más lucháis por escapar, tanto más comprendéis vuestra falta de fuerza. Vuestros motivos son impuros y vuestro corazón corrompido. Veis que vuestra vida ha estado colmada de egoísmo y de pecado. Ansiáis ser perdonados, limpiados y libertados. ¿Qué podéis hacer para obtener la armonía con Dios y asemejaros a él?

Lo que necesitáis es paz, tener en el alma el perdón, la paz y el amor del cielo. Todo esto no se puede adquirir con dinero. La inteligencia no puede lograrlo ni la sabiduría alcanzarlo, ni podéis esperar conseguirlo por vuestros propios esfuerzos. Pero Dios os lo ofrece como un regalo, «sin pago alguno» (Isaías 55: 1). Es vuestro con tal que extendáis la mano para tomarlo. El Señor dice: «¿Son vuestros pecados como escarlata? ¡Quedarán blancos como la nieve! ¿Son rojos como la púrpura? ¡Quedarán como la lana!» (Isaías 1: 18). «Os daré un nuevo corazón, y os infundiré un espíritu nuevo» (Ezequiel 36: 26).

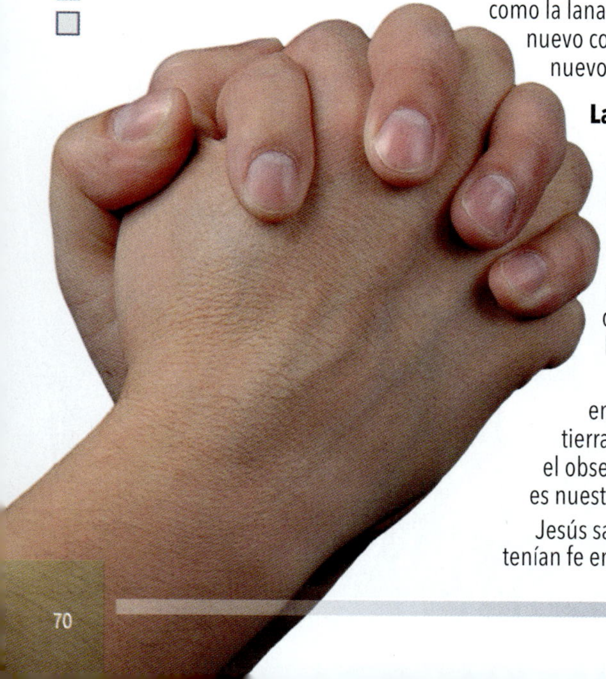

La base de nuestra fe

Habéis confesado vuestros pecados y en vuestro corazón los habéis desechado. Habéis resuelto entregaros a Dios. Id, pues, a él, y pedidle que os limpie de vuestros pecados, y os dé un corazón nuevo. Creed que lo hará *porque lo ha prometido*.

Ésta es la lección que Jesús enseñó mientras estuvo en la tierra: debemos creer que recibimos el obsequio prometido por Dios, y que es nuestro.

Jesús sanaba a los enfermos cuando tenían fe en su poder. Y los ayudaba con las cosas que podían ver. Así les inspiraba confianza en él, por lo que se refiere a lo que no podían ver, y los inducía a creer en su poder de perdonar los pecados. Esto se ve claramente en el caso del paralítico: «Pues para que sepáis que *el Hijo del hombre tiene autoridad en la tierra para perdonar pecados* –se dirigió entonces al paralítico–: Levántate, toma tu camilla y vete a tu casa"» (Mateo 9: 6).

Así también Juan el Evangelista, al hablar de los milagros de Cristo, dice: «Pero éstas se han escrito para que creáis que Jesús es el Cristo, el Hijo de Dios, y para que al creer en su nombre tengáis vida» (Juan 20: 31).

Del sencillo relato bíblico acerca de cómo Jesús sanaba a los enfermos, podemos aprender algo con respecto a cómo creer en Cristo para que nos perdone nuestros pecados.

Veamos ahora la narración del paralítico de Betesda: Aquel pobre enfermo estaba imposibilitado; no había usado sus miembros desde hacía treinta y ocho años. A pesar de ello el Señor le dijo: «Levántate, recoge tu camilla y anda» (Juan 5: 8) El enfermo podría haber dicho: "Señor, si primero me sanas, obedeceré tu palabra". Pero no lo dijo; aceptó la palabra de Cristo, creyó que estaba sano e hizo el esfuerzo enseguida; quiso andar y anduvo. Confió en la palabra de Cristo, y Dios le dio el poder. Así fue sanado.

Tú también eres pecador. No puedes expiar tus pecados pasados ni puedes cambiar tu corazón y hacerte santo. Pero Dios promete hacer todo esto por ti mediante Cristo. Crees en esa promesa; confiesas tus pecados y te entregas a Dios; *quieres* servirle. Tan ciertamente como haces esto, Dios cumplirá su palabra contigo. Si crees la promesa –si crees que estás perdonado y limpiado– Dios convierte su promesa en una realidad: tú eres sanado, lo mismo que el paralítico al que Cristo dio fuerzas para andar cuando el hombre creyó que había sido sanado. Así es si así lo crees.

No aguardes hasta sentir que estás sano, sino di:

–Lo creo; así *es*, no porque yo lo sienta, sino porque Dios lo ha prometido.

«Creed que ya habéis recibido todo lo que estéis pidiendo en oración, y lo obtendréis» (Marcos 11: 24), asegura el Señor Jesús. Una condición acompaña a esta promesa: que pidamos conforme a la voluntad de Dios. La voluntad de Dios es limpiarnos del pecado, hacernos hijos suyos y habilitarnos para vivir una vida santa. De modo que podemos pedir a Dios estas bendiciones, creer que las recibimos y agradecerle el *haberlas recibido*.

Maravillas obradas por la fe

Es nuestro privilegio ir a Jesús para que nos limpie y así subsistir delante de la ley sin confusión ni remordimiento. «Ahora pues, ninguna condenación hay para los que están en Cristo Jesús, los que no andan conforme a la carne, sino conforme al Espíritu» (Romanos 8: 1 RVR95).

La vida nueva

De modo que ya no te perteneces, pues fuiste comprado por precio. «Como bien sabéis, vosotros fuisteis rescatados [...]. El precio de vuestros rescate no se pagó con cosas perecederas, como el oro o la plata, sino con la preciosa sangre de Cristo» (1 Pedro 1: 18–19). Mediante este sencillo acto de creer en Dios, el Espíritu Santo ha engendrado una nueva vida en tu corazón. Eres como un niño nacido en la familia de Dios, y él te ama como ama a su propio Hijo.

Ahora bien, ya que te has consagrado al Señor Jesús no vuelvas atrás, no te separes de él, sino repite día tras día:

–Soy de Cristo. Le pertenezco.

Pídele que te dé su Espíritu y que te guarde por su gracia. Consagrándote a Dios y creyendo en él llegas a ser su hijo; así también debes vivir en él. Dice el apóstol: «Por eso, de la manera que recibisteis a Cristo Jesús como Señor, vivid ahora en él» (Colosenses 2: 6).

Algunos creen que precisan estar a prueba, y que deben demostrar al Señor que se han reformado, antes de poder solicitar su bendición. Ahora mismo, sin embargo, pueden pedirla a Dios. Han de tener su gracia y el Espíritu de Cristo para que los ayude en sus flaquezas; de otra manera no podrían resistir al mal. Jesús se complace en que vayamos a él como somos: pecaminosos, desvalidos y necesitados. Podemos ir con toda nuestra debilidad, insensatez y pecaminosidad, y caer arrepentidos a sus pies. Es su gloria rodearnos con los brazos de su amor, vendar nuestras heridas y limpiarnos de toda impureza. Millares de personas se equivocan en esto: no creen que el Señor Jesús los perdone personal e individualmente. No creen al pie de la letra lo que Dios dice. Es privilegio de todos los que cumplen las condiciones saber por sí mismos que el perdón de todo pecado es gratuito.

Alejad la sospecha de que las promesas de Dios no son para vosotros. Son para todo transgresor arrepentido. Cristo ha provisto fuerza y gracia suficientes para que los ángeles ministradores las lleven a cada alma creyente. Nadie es tan malvado que no pueda hallar fuerza, pureza y justicia en Jesús, quien murió por todos. Espera quitarle su vestidura manchada y contaminada de pecado y ponerle el manto blanco de la justicia. Le ordena vivir, no morir.

Cómo nos trata Dios

Dios no nos trata como los seres humanos finitos se tratan entre sí. Sus pensamientos son pensamientos de misericordia, de amor y de la más tierna compasión. Él dice:

«Que el malvado abandone su camino y el criminal sus planes; que regrese al Señor, y él tendrá piedad; a nuestro Dios, que es rico en perdón». «He disipado como la niebla tus rebeliones, como una nube tus pecados» (Isaías 55: 7; 44: 22 NBE).

«Yo no quiero la muerte de nadie, –oráculo del Señor–. ¡Convertíos y viviréis!» (Ezequiel 18: 32 NBE).

El diablo está atento a robarnos la bendita seguridad que Dios nos da. Desea privar al alma de toda vislumbre de esperanza y de todo

rayo de luz; pero no debemos permitírselo. No prestemos oídos al tentador, antes digámosle:

–Jesús murió para que yo viva. Me ama y no quiere que perezca. Tengo un Padre celestial muy compasivo; y aunque he usado mal su amor, aunque he malgastado las bendiciones que me había dado, «me levantaré, para ir a mi padre y decirle: "Padre, pequé contra el cielo y contra ti, ya no merezco llamarme hijo tuyo, tenme por uno de tus jornaleros"».

En la parábola vemos cómo será recibido el extraviado: «*Todavía estaba lejos* cuando su padre lo vio y se compadeció de él; salió corriendo a su encuentro, lo abrazó y lo besó» (Lucas 15: 18-20).

Esta parábola tan conmovedora no alcanza –¡ni con mucho!– a expresar la compasión de nuestro Padre celestial. El Señor declara por su profeta: «Con amor eterno te he amado; *por eso te sigo con fidelidad*» (Jeremías 31: 3).

Mientras el pecador está todavía lejos de la casa de su Padre, desperdiciando su hacienda en un país extranjero, el corazón del Padre se compadece de él; y todo anhelo de volver a Dios que se despierte en su alma, no es sino una tierna súplica del Espíritu divino, que insta, ruega y atrae al extraviado al regazo amoroso de su Padre.

El gran corazón del amor infinito

Teniendo tan preciosas promesas bíblicas delante de vosotros, ¿podéis dar cabida a la duda? ¿Podéis creer que cuando el pobre pecador desea volver y abandonar sus pecados, el Señor le impide con severidad que venga arrepentido a sus pies? ¡Desechad tales pensamientos! Nada puede perjudicar más a vuestra propia alma que tener tal concepto de vuestro Padre celestial. Él aborrece el pecado, pero ama al pecador, pues se dio en la persona de Cristo para que todos los que quieran puedan ser salvos y gozar de eterna bienaventuranza en su reino de gloria.

¿Qué lenguaje más tierno o más poderoso podría haber empleado para expresar su amor hacia nosotros? Escuchad su declaración:

«¿Puede una madre olvidar a su niño de pecho, y dejar de amar al hijo que ha dado a luz? Aun cuando ella lo olvidara, ¡yo no te olvidaré!» (Isaías 49: 15).

Alzad la vista los que dudáis y tembláis; porque Jesús vive para interceder por vosotros. Agradeced a Dios por el don de su Hijo amado y orad para que no haya muerto en vano por vosotros. El Espíritu Santo os invita hoy. Acudid con todo vuestro corazón a Jesús y reclamad sus bendiciones.

Cuando leáis sus promesas, recordad que son la expresión de un amor y una piedad inefables. El gran corazón del amor infinito se siente atraído hacia el pecador por una compasión ilimitada. «En él tenemos la redención mediante su sangre, el perdón de nuestros pecados» (Efesios 1: 7).

Sí, creed que Dios es vuestro ayudador. Él quiere restaurar su imagen moral en el hombre. Al acercaros a él, expresándole vuestra confesión y arrepentimiento, él se acercará a vosotros con misericordia y perdón.

Cómo lograr una magnífica renovación

Programa en 12 pasos

«Cómo lograr una magnífica renovación» - Paso Ocho

El octavo de los 12 Pasos es: «Hacemos una lista de todas las personas a quienes hemos perjudicado, y estamos dispuestos a reparar el mal que les ocasionamos».

Este capítulo deja en claro que la prueba de discipulado es la obediencia a la ley de Dios, que es más que solo hacer lo correcto. La obediencia es el servicio del amor. El amor es el centro mismo de la ley de Dios. Cuando uno de los eruditos religiosos le preguntó a Jesús: «"De todos los mandamientos, ¿cuál es el más importante?" Jesús respondió: "Ama al Señor tu Dios con todo tu corazón, con toda tu alma, con toda tu mente y con todas tus fuerzas"». Luego añadió que el segundo mandamiento es «ama a tu prójimo como a ti mismo» (ver Marcos 12: 28-31).

Por lo tanto, dado que nuestra obediencia a la ley de Dios, con amor en su centro, es prueba de discipulado, este octavo paso es de gran importancia. Este es un paso de preparación y comienza un proceso de reconciliación y restauración con Dios y con nuestro prójimo a quien hemos herido con nuestras palabras o comportamiento.

Hacer reparaciones tiene una influencia directa en nuestra relación con Dios, con nosotros mismos y con otras personas. Hacer las paces (lo que incluye el perdón) es un proceso que incluye disculpas por heridas y daños que hemos causado en el pasado. También abarca eliminar la vergüenza, la culpa, y el remordimiento. Nuestra disposición a hacer tales reparaciones comienza con nosotros mismos. La voluntad de hacer las paces implica la intención y el plan de hacer lo que sea necesario para restaurar las relaciones rotas. Más que solo decir con palabras que lo lamentamos, este paso entraña la voluntad de hacer una restitución.

La primera parte de este paso se desarrolla a partir del inventario en el que trabajamos en el Paso 4. Tenga en cuenta que el paso no es hacer una lista de personas que nos han perjudicado. No es tratar de hacer que otras personas hagan las paces con nosotros. La intención de este paso es prepararnos para dar el primer paso para restaurar las relaciones rotas que necesitan ser sanadas y para reforzar las relaciones que necesitan fortalecerse.

La lista está hecha de las personas a quienes nosotros hemos perjudicado. Un buen lugar para comenzar la lista es con Dios. No solo necesitamos la ayuda de Dios para compilar esta lista, es importante considerar que, a sabiendas o sin saberlo, nuestras prácticas dañinas y defectos de carácter han dañado la reputación de Dios. Algunas personas pueden pensar menos en él o juzgarlo mal como resultado. También es necesario incluirnos a nosotros mismos en esta lista. ¿No hemos experimentado heridas y daño como resultados de nuestros propios pensamientos defectuosos, obsesivos y comportamientos adictivos poco saludables? Hacer una lista de todas las personas que hemos dañado será el trabajo más difícil de este paso. Esta lista probablemente incluirá a familiares, amigos, maestros, estudiantes, miembros de la iglesia, personas con las que podríamos haber hecho negocios, así como a personas con las que hemos o para quienes hemos trabajado.

Cómo lograr una magnífica renovación

«Por lo tanto, si alguno está en Cristo, es una nueva creación. ¡Lo viejo ha pasado, ha llegado ya lo nuevo!» (2 Corintios 5: 17).

Es posible que una persona no sepa indicar el momento y el lugar exacto de su conversión, o que no pueda tal vez señalar el encadenamiento de circunstancias que lo condujeron a ese momento, pero esto no indica que no se haya convertido.

Cristo dijo a Nicodemo. «El viento sopla por donde quiere, y lo oyes silbar, aunque ignoras de dónde viene y a dónde va. Lo mismo pasa con todo el que nace del Espíritu» (Juan 3: 8). El viento es invisible, pero sus efectos se ven y se sienten claramente. Así también obra el Espíritu de Dios en el corazón humano. El poder regenerador, que ningún ojo humano puede ver, engendra una vida nueva en el alma y crea un nuevo ser conforme a la imagen de Dios.

Aunque la obra del Espíritu es silenciosa e imperceptible, sus efectos son manifiestos. Cuando el corazón ha sido renovado por el Espíritu de Dios, el hecho se revela en la vida.

Si bien no podemos hacer cosa alguna para cambiar nuestro corazón, ni para ponernos en armonía con Dios, y aunque no debemos confiar para nada en nosotros ni en nuestras buenas obras, nuestra vida demostrará si la gracia de Dios mora en nosotros. Se notará un cambio en el carácter, en las costumbres y en las ocupaciones. El contraste entre lo que éramos antes y lo que somos ahora será muy claro e inequívoco. El carácter se da a conocer no por las obras buenas o malas que de vez en cuando se ejecutan, sino por la tendencia de las palabras y de los actos habituales en la vida cotidiana.

¿Quién posee nuestro corazón?

Es cierto que puede haber una conducta externa correcta sin el poder renovador de Cristo. El amor a la influencia y el deseo de ser estimado por los demás, pueden producir una vida bien ordenada. El respeto propio puede impulsarnos a evitar las apariencias del mal. Un corazón egoísta puede realizar actos de generosidad. ¿De qué medio nos valdremos, entonces, para saber de parte de quién estamos?

¿Quién posee nuestro corazón? ¿Con quién están nuestros pensamientos? ¿De quién nos gusta hablar? ¿Para quién son nuestros más ardientes afectos y nuestras mejores energías? Si somos de Cristo, nuestros pensamientos están con él y le dedicamos nuestras más gratas reflexiones. Le hemos consagrado todo lo que tenemos y somos. Anhelamos ser semejantes a él, respirar su Espíritu, hacer su voluntad y agradarle en todo.

Los que llegan a ser nuevas criaturas en Cristo Jesús producen los frutos de su Espíritu: «Amor, alegría, paz, paciencia, amabilidad, bondad, fidelidad, humildad y dominio propio» (Gálatas 5: 22-23). Ya no se rigen por sus antiguos deseos desordenados, sino que por la fe en el Hijo de Dios siguen en sus pisadas, reflejan su carácter y se purifican a sí mismos, como él es puro. Aman ahora las cosas que en un tiempo aborrecían, y aborrecen las cosas que en otro tiempo amaban. El que era orgulloso y terco es ahora manso y humilde de corazón. El que antes era vano y altanero es ahora serio y modesto. El que antes era borracho es ahora sobrio y el que era disoluto, puro. Todos ellos han abandonado las costumbres y modas vanas del mundo. Los cristianos no buscan la «belleza externa», sino «más bien la incorruptible, la que procede de lo íntimo del corazón y consiste en un espíritu suave y apacible» (1 Pedro 3: 3-4).

No hay evidencia de arrepentimiento verdadero cuando no se produce una reforma en la vida. Si el pecador restituye la prenda, devuelve lo que ha hurtado, confiesa sus pecados y ama a Dios y a su prójimo, puede estar seguro de que pasó de muerte a vida.

Cuando acudimos a Cristo, como seres descarriados y pecaminosos, y nos hacemos participantes de su gracia perdonadora, el amor brota en nuestro corazón. Toda carga resulta ligera, puesto que el yugo de Cristo es suave. Nuestros deberes se vuelven delicias, y los sacrificios se convierten en un placer. El sendero que antes nos parecía cubierto de tinieblas brilla ahora con los rayos del Sol de Justicia.

La hermosura del carácter de Cristo ha de verse en sus seguidores. Él se deleitaba en hacer la voluntad de Dios. El poder que predominaba en la vida de nuestro Salvador era el amor a Dios y el fervor por su gloria. El amor embellecía y ennoblecía todas sus acciones.

Cómo lograr una magnífica renovación

El amor es de Dios. El corazón inconverso no puede producirlo o crearlo. Se encuentra solamente en el corazón donde Cristo reina. «Nosotros amamos a Dios porque él nos amó primero» (1 Juan 4: 19). En el corazón regenerado por la gracia divina el amor es el principio de acción. Modifica el carácter, gobierna los impulsos, controla las pasiones, subyuga la enemistad y ennoblece los afectos. Este amor atesorado en el alma, endulza la vida y derrama una influencia purificadora sobre todos los que están a su alrededor.

Dos errores peligrosos

Hay dos errores contra los cuales los hijos de Dios –particularmente los que apenas han comenzado a confiar en su gracia– deben guardarse de un modo especial. El primero –en el cual ya se ha insistido– es el de fijarse en sus obras, confiando en algo que puedan hacer para ponerse en armonía con Dios. El que está intentando llegar a ser santo mediante sus esfuerzos por observar la ley, está procurando un imposible. Todo lo que el hombre pueda hacer sin Cristo está contaminado de egoísmo y de pecado. Sólo la gracia de Cristo –por medio de la fe– puede hacernos santos.

El error opuesto, y no menos peligroso, consiste en sostener que la creencia en Cristo exime a los hombres de guardar la ley de Dios, y que en vista de que sólo por la fe llegamos a ser participantes de la gracia de Cristo, nuestras obras no tienen nada que ver con nuestra redención.

Nótese, sin embargo, que la obediencia no es un mero cumplimiento externo, sino un servicio de amor. La ley de Dios es una expresión de su propia naturaleza; es la personificación del gran principio del amor, y, por lo tanto, es el fundamento de su gobierno en el cielo y en la tierra. Si nuestros corazones están renovados a la semejanza de Dios, si el amor divino está implantado en el alma, ¿no se cumplirá la ley de Dios en nuestra vida?

Cuando el principio del amor es implantado en el corazón –cuando el hombre es renovado conforme a la imagen de quien lo creó– se cumple en él la promesa del nuevo pacto: «Pondré mis leyes en su corazón, y las escribiré en su mente» (Hebreos 10: 16). Y si la ley está escrita en el corazón, ¿no modelará la vida? La obediencia –es decir, el servicio y la lealtad que se rinden por amor– es la verdadera prueba del discipulado. Por eso dice la Escritura: «En esto consiste el amar a Dios: en que obedezcamos sus mandamientos». «El que afirma: "Lo conozco", pero no obedece sus mandamientos, es un mentiroso y no tiene la verdad» (1 Juan 5: 3; 2: 4).

La fe, en vez de eximirnos de la obediencia, nos hace participantes de la gracia de Cristo y nos capacita para obedecer. ¡Y únicamente ella lo hace!

No ganamos la salvación con nuestra obediencia; porque la salvación es el don gratuito de Dios que se recibe por la fe. Ahora bien, la obediencia es el fruto de la fe. «Pero vosotros sabéis que Jesucristo se manifestó para quitar nuestros pecados. Y él no tiene pecado. Todo el que permanece en él, no practica el pecado. Todo el que practica el pecado, no lo ha visto ni lo ha conocido» (1 Juan 3: 5-6). He aquí la verdadera prueba. Si moramos en Cristo –si el amor de Dios está en nosotros–, nuestros sentimientos, pensamientos, propósitos, y acciones estarán en armonía con la voluntad de Dios según se expresa en los preceptos de su santa ley.

«Queridos hijos, que nadie os engañe. El que practica la justicia es justo, así como él es justo» (1 Juan 3: 7). La justicia se define por la norma de la santa ley de Dios, expresada en los Diez Mandamientos promulgados en el Sinaí.

La así llamada fe en Cristo –que pretende eximir a los hombres de la obligación de obedecer a Dios– no es fe, sino presunción. «Porque por gracia habéis sido salvados mediante la fe». Pero «la fe por sí sola, si no tiene obras, está muerta» (Efesios 2: 8; Santiago 2: 17).

Cómo lograr una magnífica renovación

El Señor Jesús dijo de sí mismo antes de venir al mundo: «Me agrada, Dios mío, hacer tu voluntad; tu ley la llevo dentro de mí.» (Salmo 40: 8). Y cuando estaba a punto de ascender al cielo, declaró: «Yo he obedecido los mandamientos de mi Padre y permanezco en su amor» (Juan 15: 10). La Escritura afirma: «¿Cómo sabemos si hemos llegado a conocer a Dios? Si obedecemos sus mandamientos.» (1 Juan 2: 3). «Porque Cristo sufrió por vosotros, dándoos ejemplo para que sigáis sus pasos» (1 Pedro 2: 21).

Cómo alcanzar la vida eterna

La condición para alcanzar la vida eterna es ahora exactamente la misma de siempre, tal cual era en el paraíso antes de la caída de nuestros primeros padres: la perfecta obediencia a la ley de Dios, la perfecta justicia. Si la vida eterna se concediera con alguna condición inferior a esta, peligraría la felicidad de todo el universo. Se le abriría la puerta al pecado, de tal modo que se lo inmortalizaría con toda su secuela de sufrimientos y de miseria.

Antes que Adán cayese le era posible desarrollar un carácter recto por la obediencia a la ley de Dios. Pero fracasó en esta empresa. Y a causa de su pecado tenemos una naturaleza caída, y no podemos hacernos justos a nosotros mismos. Puesto que somos pecadores y malvados, no podemos obedecer perfectamente la ley santa. No tenemos justicia propia para poder hacer frente a las exigencias de la ley de Dios. Pero Cristo nos preparó una vía de escape. Vivió en esta tierra en medio de pruebas y de tentaciones como las que nosotros tenemos que arrostrar. Su vida sin embargo, fue sin pecado. Murió por nosotros. Y ahora ofrece quitar nuestros pecados y darnos su justicia. Por pecaminosa que haya sido vuestra vida, si os entregáis a él y lo aceptáis como vuestro Salvador, por amor a él sois declarados justos. El carácter de Cristo sustituye al vuestro y sois aceptados por Dios como si no hubierais pecado.

Más todavía, Cristo cambia el corazón y habita en el vuestro por la fe. Habéis de mantener esta unión con Cristo por la fe y la sumisión continua de vuestra voluntad a él. Mientras lo hagáis, él obrará en vosotros para que queráis y hagáis conforme a su beneplácito. Así podréis decir: «Lo que ahora vivo en el cuerpo, lo vivo por la fe en el Hijo de Dios, quien me amó y dio su vida por mí» (Gálatas 2: 20).

El Señor Jesús dijo a sus discípulos: «Porque no seréis vosotros los que habléis, sino que el Espíritu de vuestro Padre hablará por medio de vosotros» (Mateo 10: 20). De modo que, si Cristo actúa en vosotros, manifestaréis el mismo espíritu y haréis las mismas buenas obras que él: obras de justicia y obediencia.

Así que no hay en nosotros mismos cosa alguna de qué jactarnos. No tenemos motivo para ensalzarnos. El único fundamento de nuestra esperanza es la justicia de Cristo, que nos es acreditada, y la que produce su Espíritu obrando en nosotros y por nosotros.

Dos clases de fe

Cuando hablamos de la fe debemos tener siempre presente una distinción. Hay una clase de creencia completamente distinta de la fe. La existencia y el poder de Dios, así como la verdad de su Palabra, son hechos que incluso Satanás y sus huestes no pueden negar en lo íntimo de su corazón. La Biblia dice que los demonios «creen, y tiemblan» (Santiago 2: 19), pero esto no es fe.

Hay fe allí donde no sólo existe una creencia en la Palabra de Dios, sino una sumisión a su voluntad; donde se le ha entregado el corazón y los afectos se han fijado en él; allí hay fe, una fe que obra por el amor y purifica el alma. Mediante esta fe el corazón se renueva conforme a la imagen de Dios. El corazón –que en su estado irregenerado no se sujeta a la ley de Dios ni tampoco puede– se deleita ahora en sus santos preceptos y exclama con el salmista: «¡Cuánto amo yo tu ley! Todo el día medito en ella» (Salmo 119: 97). Entonces la justicia de la ley se cumple en nosotros, los que no andamos «conforme a la carne, sino conforme al Espíritu» (Romanos 8: 1 RVR95).

Si te sientes tentado a la desesperación

Hay personas que han conocido el amor perdonador de Cristo y desean realmente ser hijos de Dios, pero se dan cuenta de que su carácter es imperfecto y su vida defectuosa. Son propensas a dudar de si sus corazones han sido renovados por el Espíritu Santo. Quiero decirles que no cedan a la desesperación.

Con frecuencia tenemos que postrarnos y llorar a los pies de Jesús por causa de nuestras negligencias y equivocaciones; pero no debemos desanimarnos. Aun si somos vencidos por el enemigo, no somos desechados ni abandonados ni rechazados por Dios. ¡De ningún modo! A la diestra de Dios está Cristo intercediendo por nosotros.

Dice Juan, el discípulo amado: «Mis queridos hijos, os escribo estas cosas para que no pequéis. Pero si alguno peca, tenemos ante el Padre a un intercesor, a Jesucristo, el Justo» (1 Juan 2: 1).

No olvidéis las palabras de Cristo: «Padre mismo os ama» (Juan 16: 27). Jesús desea reconciliaros con él, desea ver su pureza y su santidad reflejadas en vosotros. Y si estáis dispuestos a entregaros a él, eso basta para que él, que comenzó en vosotros la buena obra, la perfeccione hasta el día de nuestro Señor Jesucristo. Orad con más fervor; creed más plenamente. Cuando lleguemos a desconfiar de nuestras propias fuerzas, entonces confiaremos en el poder de nuestro Redentor y alabaremos a Aquél que es nuestra vida y nuestro gozo.

Cuanto más cerca estéis de Jesús, más imperfectos os reconoceréis; ya que vuestra visión será más clara y vuestras imperfecciones se verán en contraste inequívoco y evidente frente a su perfecta naturaleza. Ésta es una señal cierta de que los engaños de Satanás han perdido su poder y que la influencia vivificadora del Espíritu de Dios os está despertando.

No podrá existir amor profundo hacia el Señor Jesús en el corazón que no comprenda su propia pecaminosidad. El alma transformada por la gracia de Cristo admirará su carácter divino. Pero si no vemos nuestra propia deformidad moral, ello es una evidencia indudable de que no hemos vislumbrado la belleza y excelencia de Cristo.

Mientras menos cosas dignas de estima veamos en nosotros, más encontraremos qué apreciar en la pureza y en la hermosura infinitas de nuestro Salvador. Una percepción de nuestra pecaminosidad nos impulsa hacia Aquél que puede perdonarnos. Y cuando el alma, dándose cuenta de su desamparo, se lance en pos de Jesús, él se manifestará con poder. Cuanto más nos impulse el sentimiento de nuestra necesidad hacia él y hacia la Palabra de Dios, tanto más elevada tendremos la visión de su carácter, y con tanta mayor plenitud reflejaremos su imagen.

El secreto del crecimiento

Programa en 12 pasos

«El secreto del crecimiento» - Paso Nueve

El noveno de los 12 pasos es: «Reparamos directamente el mal causado a esas personas cuando es posible, excepto en los casos en que el hacerlo les cause más daño o perjudique a un tercero».

Este es un paso de acción destinado a hacer las paces con Dios, con nosotros mismos y con los demás. Todos sufrimos como resultado del quebrantamiento en nuestras vidas, nuestra relación con Dios y nuestras relaciones con los demás. El quebrantamiento nos pesa y puede llevarnos de vuelta a nuestros comportamientos adictivos. El proceso de rehabilitación requiere batallar con estas áreas de quebrantamiento.

El trabajo de reconciliación y restauración comienza con nosotros. Cuando Jesucristo vino a nuestro mundo, Dios nos estaba reconciliando con él. Hizo todo lo necesario para reparar la relación rota causada por el pecado. La relación dañada por el pecado era responsabilidad nuestra, sin embargo, él tomó la iniciativa de restaurar esa relación. Luego nos concedió el ministerio de la reconciliación (ver 2 Corintios 5: 18). Hacer las paces con las personas que hemos dañado es una forma de responder a esta tarea.

La lista que hicimos de todas las personas a quienes habíamos perjudicado ahora requiere que reparemos el daño directamente con ellos. Esto significa que, siempre que sea posible, nos acercaremos a esa persona, uno a uno, cara a cara, nos disculparemos y les expresaremos nuestra voluntad de hacer todo lo posible para eliminar el daño y aliviar el dolor que resultó del perjuicio que les causamos. Puede que no sea posible en todas las circunstancias hacer las paces en persona. En tales casos, puede ser necesario realizar una llamada telefónica o escribir una carta.

Algo para tener en cuenta, es que no debemos permitirnos pensar en hacer las paces como una forma de adquirir crédito disculpándonos lo suficiente y de ese modo ganándonos la salvación. Este es un peligro real para las personas que tienden a sentirse culpables por situaciones o por personas que no son su responsabilidad.

También es necesario que notemos la última parte de este paso, que dice: «excepto en los casos en que el hacerlo les hubiese infligido más daño o perjudicado a un tercero». En otras palabras, si la persona podría ser más lastimada que ayudada con nuestros intentos de reconciliación, no lo hagas. Probablemente necesitemos más que nuestra propia capacidad de razonamiento para decidir con quién no hacer las paces. Además de la guía del Espíritu Santo, un consejero de confianza puede ser de gran ayuda para tomar tales decisiones.

Una observación final con respecto al paso 9: en este paso no hay límite de tiempo. Cuando terminemos de hacer enmiendas con las personas cuyos nombres Dios ha puesto en nuestro corazón, debemos mantenernos abiertos a los nombres de las personas que hemos olvidado que necesitan ser incluidas en este grupo. En cualquier momento Dios puede hacernos recordar a tales individuos.

El secreto del crecimiento

El cambio de corazón, por el cual somos hechos hijos de Dios, se llama en la Biblia nacimiento. También se lo compara con la germinación de la buena semilla sembrada por el labrador. De igual modo se habla de los recién convertidos a Cristo como de «niños recién nacidos», que deben ir creciendo hasta llegar a «la plena estatura de Cristo» (1 Pedro 2: 2; Efesios 4: 13). Como la buena simiente en el campo, tienen que crecer y dar fruto. El profeta Isaías dice: «Los llamarán Robles del Justo, plantados para gloria del Señor» (Isaías 61: 3 NBE). Se sacan así ilustraciones del mundo natural para ayudarnos a entender mejor las misteriosas verdades de la vida espiritual.

Toda la sabiduría y toda la habilidad de los hombres no pueden dar vida al ser más diminuto de la naturaleza. Únicamente por la vida que Dios mismo les ha dado pueden vivir las plantas y los animales. Asimismo, es sólo mediante la vida de Dios como se engendra la vida espiritual en el corazón de los hombres. «Quien no nazca de nuevo» (Juan 3: 3) no puede ser hecho participante de la vida que Cristo vino a otorgar.

Las parábolas de las plantas

Lo que sucede con la vida sucede con el crecimiento. Dios es el que hace florecer el capullo y fructificar las flores. Su poder es el que hace a la simiente desarrollar «primero el tallo, luego la espiga, y después el grano lleno en la espiga» (Marcos 4: 28).

El profeta Oseas dice que Israel «florecerá como lirio». «Serán vivificados como el trigo, y florecerán como la vida» (Oseas 14: 5, 7 RVR95). Y Jesús nos insta: «Fijaos cómo crecen los lirios» (Lucas 12: 27).

Las plantas y las flores no medran por su propio cuidado, afán o esfuerzo, sino porque reciben lo que Dios proporcionó para favorecer su vida.

El niño no puede por su desvelo o poder propio añadir algo a su estatura. Ni vosotros podréis por vuestra ansiedad o por esfuerzo propios conseguir el crecimiento espiritual.

La planta y el niño crecen al recibir de la atmósfera circundante lo que sostiene su vida: el aire, el sol y el alimento. Lo que estos dones de la naturaleza son para los animales y las plantas, llega a serlo Cristo para los que en él confían. Él es su «luz eterna», «sol y escudo» (Isaías 60: 19; Salmo 84: 11). Será «para Israel como el rocío», «como las lluvias que empapan la tierra» (Oseas 14: 5; Salmo 72: 6). Él es el agua viva, «el pan de Dios [...] que baja del cielo y da vida al mundo» (Juan 6: 33).

Por el don incomparable de su Hijo, Dios rodeó al mundo entero con una atmósfera de gracia tan real como el aire que circula alrededor del globo. Todos los que decidan respirar esta atmósfera vivificadora, vivirán y crecerán hasta alcanzar la estatura de hombres y mujeres en Cristo Jesús.

Como la flor se dirige hacia el sol para que sus brillantes rayos la ayuden a perfeccionar su belleza y simetría, así debemos volvernos hacia el Sol de Justicia, a fin de que la luz celestial brille sobre nosotros y nuestro carácter se transforme a la imagen de Cristo.

Esto es precisamente lo que Jesús enseña cuando dice: «Permaneced en mí, y yo permaneceré en vosotros. Así como ninguna rama puede dar fruto por sí misma, sino que tiene que permanecer en la vid, así tampoco vosotros podéis dar fruto si no permanecéis en mí [...], separados de mí no podéis hacer nada» (Juan 15: 4-5).

El secreto del crecimiento

Como la rama depende del tronco principal para su crecimiento y fructificación, así también vosotros necesitáis el auxilio de Cristo para poder vivir una vida santa. Fuera de él no tenéis vida. No hay poder en vosotros para resistir la tentación o para crecer en la gracia o en la santidad. Morando en él podéis florecer. Recibiendo vuestra vida de él no os marchitaréis ni seréis estériles. Seréis como el árbol plantado junto a corrientes de agua.

El secreto del crecimiento espiritual

Muchos tienen la idea de que deben hacer alguna parte de la obra ellos solos. Confiaron en Cristo para obtener el perdón de sus pecados, pero ahora procuran vivir rectamente por sus propios esfuerzos. No obstante, tales esfuerzos fracasarán. El Señor Jesús les dice: «Separados de mí no podéis hacer nada».

Nuestro crecimiento en la gracia, nuestro gozo, nuestra utilidad, todo depende de nuestra unión con Cristo. Únicamente estando en comunión con él diariamente y permaneciendo en él cada hora, es como hemos de crecer en la gracia. No es solamente el autor de nuestra fe, sino también su perfeccionador. Ocupa el primer lugar, el último y todo otro lugar Estará con nosotros, no sólo al principio y al fin de nuestra carrera, sino en cada paso del camino. David dijo: «Tengo siempre presente al Señor, con él a mi derecha no vacilaré» (Salmo 16: 8 NBE).

Preguntarás:

–¿Cómo he de permanecer en Cristo?

Pues del mismo modo como lo recibiste al principio. «Por eso, de la manera que recibisteis a Cristo Jesús como Señor, vivid ahora en él». «Mi justo vivirá por la fe» (Colosenses 2: 6; Hebreos 10: 38).

Os entregasteis a Dios para ser completamente suyos, para servirle y obedecerle, y aceptasteis a Cristo como vuestro Salvador. No podíais por vosotros mismos expiar vuestros pecados o cambiar vuestro corazón; pero habiéndoos entregado a Dios, creísteis que por causa de Cristo el Señor hizo todo aquello por vosotros. Por la *fe* llegasteis a ser de Cristo, y por la fe tenéis que crecer en él, dando y recibiendo. Tenéis que *dárselo* todo: vuestro corazón, vuestra voluntad y vuestro servicio. Tenéis que daros a él para obedecerle en todo lo que os pida. Y debéis *recibirlo* todo: Cristo, la plenitud de toda bendición. Él ha de morar en vuestro corazón, ser vuestra fuerza, vuestra justicia, vuestro perpetuo auxiliador. Él os otorgará poder para obedecer.

La oración matutina

Conságrate a Dios todas las mañanas. Haz de esto tu primera actividad. Sea tu oración:

-Tómame, oh Señor, como tuyo. Pongo todos mis planes a tus pies. Úsame hoy en tu servicio. Mora conmigo, y sea toda mi obra hecha en ti.

Éste es un asunto diario. Conságrate a Dios cada mañana para ese día. Sométele todos tus planes, para ponerlos en práctica o abandonarlos, según te lo vaya indicando su providencia. Podrás así poner cada día tu vida en las manos de Dios, y así será cada vez más semejante a la de Cristo.

Cómo alcanzar la paz del alma

La vida en Cristo es una vida de sosiego. Tal vez no haya éxtasis de los sentimientos, pero debería haber una confianza continua y apacible. Tu esperanza no se cifra en ti mismo, sino en Cristo. Tu debilidad está unida a su fuerza; tu ignorancia, a su sabiduría; tu fragilidad, a su poder perdurable.

Así que no has de mirarte a ti mismo ni permitir que tu mente se fije y permanezca en el yo, sino mirar a Cristo. Piensa en su amor, en la belleza y perfección de su carácter. Cristo en su abnegación, Cristo en su humillación, Cristo en su pureza y santidad, Cristo en su incomparable amor: tal es el tema para la contemplación del alma. Es amándolo, imitándolo y dependiendo enteramente de él como serás transformado a su semejanza.

Jesús dice: «Permaneced en mí». Estas palabras expresan una idea de descanso, estabilidad y confianza. De nuevo nos invita: «Venid a mí [...], y yo os daré descanso» (Mateo 11: 28). Las palabras del salmista hacen resaltar el mismo pensamiento: «Descansa en el Señor y espera en él». Y el profeta Isaías asegura: «En la serenidad y la confianza está vuestra fuerza» (Salmo 37: 7 NBE; Isaías 30: 15).

Este descanso no se obtiene en la inactividad, porque en la invitación del Salvador la promesa de descanso va unida a un llamamiento a trabajar: «Cargad con mi yugo [...] y encontraréis descanso» (Mateo 11: 29).

El corazón que más plenamente descansa en Cristo es el más ferviente y activo en el trabajo para él.

¿En qué fijaremos nuestra mente?

Cuando la mente se detiene en el yo, se aleja de Cristo, la fuente de la fortaleza y de la vida. Por eso Satanás se esfuerza constantemente en mantener la atención desviada del Salvador, a fin de impedir la unión y la comunión del alma con Cristo. Valiéndose de los placeres del mundo, de los cuidados, las perplejidades y las tristezas de la vida, así como de nuestras propias faltas e imperfecciones –o de las ajenas–, procura distraer nuestra atención hacia todas estas cosas, o hacia algunas de ellas. No nos dejemos engañar por sus ardides. Con demasiada frecuencia logra que muchos –realmente concienzudos y deseosos de vivir para Dios– se detengan en sus propias faltas y debilidades. Separándolos así de Cristo espera obtener la victoria sobre ellos.

El secreto del crecimiento

No debemos hacer de nuestro yo el centro, ni permitirnos tener ansiedad ni temor acerca de si seremos salvos o no. Todo esto desvía el alma de la fuente de nuestra fortaleza.

Encomendemos a Dios la custodia de nuestra alma y confiemos en él. Hablemos del Señor Jesús y pensemos en él. Piérdase en él nuestro yo. Desterrad toda duda; desechad vuestros temores. Digamos con el apóstol Pablo: «Y ya no vivo yo sino que Cristo vive en mí. Lo que ahora vivo en el cuerpo, lo vivo por la fe en el Hijo de Dios, quien me amó y dio su vida por mí» (Gálatas 2: 20).

Reposad en Dios. Él puede guardar lo que le habéis confiado. Si os ponéis en sus manos, os hará más que vencedores por medio de Aquél que os amó.

Cuando Cristo tomó sobre sí la naturaleza humana, vinculó a la humanidad consigo mediante un lazo de amor que ningún poder es capaz de romper, salvo la decisión del hombre mismo. Satanás nos presentará de continuo seducciones para inducirnos a romper ese lazo y para que decidamos separarnos de Cristo. Aquí es donde necesitamos velar, luchar y orar para que nada pueda inducirnos a elegir otro maestro; pues estamos siempre libres para hacer esto. Mantengamos, por lo tanto, los ojos fijos en Cristo y él nos preservará. Confiando en Jesús estamos seguros. Nada puede arrebatarnos de su mano. Si lo contemplamos constantemente «somos transformados a su semejanza con más y más gloria por la acción del Señor, que es el Espíritu» (2 Corintios 3: 18).

Así fue como los primeros discípulos lograron asemejarse a su amado Salvador. Cuando aquellos discípulos oyeron las palabras de Jesús sintieron su necesidad de

él. Lo buscaron, lo encontraron y lo siguieron. Estaban con él en casa, a la mesa, en privado y en el campo. Lo acompañaban –como era costumbre que los discípulos siguiesen a un maestro– y diariamente recibían de sus labios lecciones de santa verdad. Lo miraban como los siervos a su señor para aprender cuáles eran sus deberes. Aquellos discípulos eran hombres sujetos «a pasiones semejantes a las nuestras» (Santiago 5: 17 RVR95), tenían que reñir la misma batalla contra el pecado y necesitaban la misma gracia para poder vivir una vida santa.

La notable transformación de Juan

El mismo Juan, el discípulo amado –el que más plenamente llegó a reflejar la imagen del Salvador– no poseía por naturaleza esa belleza de carácter. No solo era obstinado y ambicionaba honores, sino que era impetuoso y se resentía bajo las injurias. Ahora bien, cuando se le manifestó el carácter divino de Cristo, vio su propia deficiencia, y este conocimiento lo humilló. La fortaleza y la paciencia, el poder y la ternura, la majestad y la mansedumbre que vio en la vida diaria del Hijo de Dios llenaron su alma de admiración y amor. De día en día su corazón era atraído hacia Cristo, hasta que en su amor por su Maestro perdió de vista su propio yo.

Su genio rencoroso y ambicioso cedió al poder modelador de Cristo. La influencia regeneradora del Espíritu Santo renovó su corazón. El poder del amor de Cristo transformó su carácter. Tal es el seguro resultado de la unión con Jesús. Cuando Cristo mora en el corazón la naturaleza entera se transforma. El Espíritu de Cristo y su amor enternecen el corazón, subyugan el alma y elevan los pensamientos y deseos hacia Dios y hacia el cielo.

La presencia personal de Jesús

Cuando Cristo ascendió a los cielos, el sentido de su presencia permaneció con sus seguidores. Era una presencia personal impregnada de amor y de luz. Jesús –el Salvador que había andado, conversado y orado con ellos, que había dirigido a sus corazones palabras de esperanza y de consuelo– había sido separado de ellos y llevado al cielo, mientras les estaba comunicando un mensaje de paz. Y los acentos de su voz –«Y os aseguro que estaré con vosotros siempre, hasta el fin del mundo» (Mateo 28: 20)– les llegaban todavía, cuando una nube de ángeles lo recibió. Había ascendido al cielo en forma humana; y ellos sabían que se hallaba delante del trono de Dios como amigo y salvador suyo, que sus simpatías no habían cambiado y que seguía identificado con la humanidad doliente. Estaba presentando delante de Dios los méritos de su preciosa sangre, y le mostraba sus manos y sus pies traspasados para recordar el precio que había pagado por sus redimidos. Estos sabían que había ascendido al cielo para prepararles lugar y que volvería para llevarlos consigo.

Al congregarse, después de la ascensión, estaban ansiosos por presentar sus peticiones al Padre en el nombre de Jesús. Con solemne reverencia se postraron en oración repitiendo la promesa: «Mi Padre os dará todo lo que le pidáis en mi nombre. Hasta ahora no habéis pedido nada en mi nombre. Pedid y recibiréis, para que vuestra alegría sea completa» (Juan 16: 23-24). Extendieron cada vez más alto la mano de la fe presentando este poderoso argumento: «Cristo Jesús es el que murió, e incluso resucitó, y está a la derecha de Dios e intercede por nosotros» (Romanos 8: 34).

Los discípulos eran espejos de Cristo

El día de Pentecostés les trajo la presencia del Consolador, de quien Cristo había dicho: «Mora con vosotros, y estará en vosotros». «Os conviene que yo me vaya, porque si no me voy, el Consolador no vendrá a vosotros; pero si me voy, os lo enviaré» (Juan 14: 17; 16: 7 RVR95).

Y desde aquel día Cristo iba a morar de continuo mediante el Espíritu Santo en el corazón de sus hijos. Su unión con ellos sería más estrecha que cuando se hallaba personalmente a su lado. La luz, el amor y el poder de Cristo, morando en el interior de sus seguidores, resplandecían de tal manera a través de ellos, que los hombres, al mirarlos, «quedaron asombrados y reconocieron que habían estado con Jesús» (Hechos 4: 13).

Todo lo que Cristo fue para sus primeros discípulos desea serlo para sus hijos hoy, pues en su última oración –que elevó estando junto al pequeño grupo reunido en derredor suyo– dijo: «No ruego sólo por éstos. Ruego también por los que han de creer en mí por el mensaje de ellos» (Juan 17: 20).

Jesús oró por nosotros y pidió que fuésemos uno con él, como él es uno con el Padre. ¡Cuán preciosa unión! El Salvador había dicho de sí mismo: «el Hijo no puede hacer nada por su propia cuenta» (Juan 5: 19), «es el Padre, que está en mí, el que realiza sus obras» (Juan 14: 10). Si Cristo está en vuestro corazón «es el que en vosotros produce así el querer como el hacer, por su buena voluntad» (Filipenses 2: 13 RVR95). Obraremos como él obró; manifestaremos el mismo espíritu. Amándolo y morando en él, «creceremos hasta ser en todo como aquel que es la cabeza, es decir, Cristo» (Efesios 4: 15).

El gozo de la colaboración

Programa en 12 pasos

«El gozo de la colaboración» – Paso Diez

El décimo de los 12 pasos es: «Proseguimos con nuestro examen de conciencia, y, cuando nos equivoquemos, lo admitiremos de inmediato».

Este paso comprende nuestra vida diaria como seguidores de Jesucristo. En este paso, trabajamos para reflejar su carácter. El proceso implicado en seguir haciendo un inventario personal y admitir sin demora los errores nos ayuda a vivir la vida de Dios. En la última parte del primer párrafo de este capítulo, leemos que su vida en nuestros corazones fluirá hacia los demás en amor y bendición. Al final de este capítulo, dice:

> No debéis esperar mejores oportunidades o capacidades extraordinarias para empezar a trabajar por Dios. No necesitáis preocuparos de lo que el mundo dirá o pensará acerca de vosotros. Si vuestra vida diaria atestigua la pureza y sinceridad de vuestra fe, y los demás están convencidos de que deseáis hacerles bien, vuestros esfuerzos no serán enteramente perdidos.

Poner este paso en práctica permitirá que otros y nosotros mismos veamos más claramente cómo nuestro trabajo y nuestra vida están cumpliendo los consejos encontrados en este capítulo.

Quizás estamos tentados de considerar que este paso es menos importante que los otros. En realidad, es uno de los pasos más importantes. Olvidamos, o nos gustaría olvidar, que nuestros viejos comportamientos se desarrollaron durante un largo período de tiempo y, a menos que tengamos cuidado, volverán junto con nuestras justificaciones y racionalizaciones para tales comportamientos. Uno de los beneficios de este paso es que nos ayudará a evitar que volvamos a los viejos comportamientos de pensar y hacer. Nos permite ver nuestros errores antes de que se conviertan en grandes problemas. Continuar haciendo un inventario nos mantiene honestos y humildes.

Al realizar nuestros inventarios personales, la mayoría de nosotros tiende a enfocarse en lo que está mal. Al principio de nuestra rehabilitación, cuando «sin temor hicimos un sincero y minucioso examen de conciencia», en el Paso Cuatro, puede haber sido difícil encontrar mucho que fuera bueno. Ahora en este paso, como resultado de la bondad de Dios trabajando en nuestras vidas, podremos encontrar más elementos buenos que los que vimos previamente.

Filipenses 4: 8 nos invita a pasar el tiempo pensando en cosas que son honorables, justas, puras, verdaderas, de buen nombre, virtuosas y dignas de alabanza. Por lo tanto, al continuar un inventario personal, es útil incluir lo que podemos considerar «aciertos» junto con los «errores». Si bien es cierto que haremos elecciones incorrectas, también es cierto que haremos elecciones correctas.

No nos ayudará a nosotros ni a los demás si nos preocupamos demasiado por nuestros errores o los errores de otra persona. Por eso, es bueno recordar las bendiciones de trabajar con Dios y con los demás para estar libres de las deficiencias que nos impiden progresar en nuestra rehabilitación de las conductas adictivas dañinas.

El gozo de la colaboración

Dios es la fuente de vida, luz y gozo para el universo. Como los rayos de la luz del sol, como las corrientes de agua que brotan de un manantial vivo, las bendiciones descienden de él a todas sus criaturas. Y, dondequiera que la vida de Dios esté en el corazón de los hombres, fluirá hacia otros llevando amor y bendición.

El gozo de nuestro Salvador se cifraba en levantar y redimir a los hombres caídos. Para lograr este fin no consideró su vida como cosa preciosa, sino que sufrió la cruz y menospreció la ignominia. Los ángeles también se dedican siempre a trabajar por la felicidad de otros. Esto constituye su gozo. Lo que los corazones egoístas considerarían ocupación degradante -servir a los desdichados, y en todo sentido inferiores a ellos mismos en carácter y jerarquía- es la obra de los ángeles exentos de pecado. El espíritu de amor y abnegación que manifiesta Cristo, es el espíritu que llena los cielos y constituye la misma esencia de su felicidad. Es el espíritu que poseerán los seguidores de Cristo, y la obra que realizarán.

Cómo ser una bendición para los demás

El amor de Cristo atesorado en el corazón es como una dulce fragancia: no puede ocultarse. Su santa influencia será sentida por todos aquéllos con quienes nos relacionemos. El espíritu de Cristo en el corazón es como manantial en un desierto, que fluye para refrescarlo todo y despertar, en los que están a punto de perecer, deseos vehementes de beber el agua de la vida. El amor a Jesús se manifestará por el deseo de trabajar como él trabajó para bendecir y elevar a la humanidad; inspirará amor, ternura y simpatía por todas las criaturas que gozan del cuidado de nuestro Padre celestial.

La vida terrenal del Salvador no fue una vida de comodidad y de devoción a sí mismo, sino que trabajó con esfuerzo persistente, fervoroso e infatigable por la salvación de la perdida humanidad. Desde el pesebre hasta el Calvario siguió la senda de la abnegación, y no intentó ahorrarse tareas arduas y duros viajes, ni trabajos y cuidados agotadores. Él mismo solía decir: «El Hijo del hombre no vino para que le sirvan, sino para servir y para dar su vida en rescate por muchos» (Mateo 20: 28). Éste fue el gran propósito de su vida. Todo lo demás era secundario y accesorio. Hacer la voluntad de Dios y acabar su obra era su comida y su bebida. Ni el yo ni el interés propio tuvieron parte alguna en su obra.

Compartamos nuestros privilegios con los demás

Del mismo modo, los que son participantes de la gracia de Cristo estarán dispuestos a hacer cualquier sacrificio para que otros por quienes él murió compartan el don celestial. Harán cuanto puedan para que su paso por el mundo lo mejore. Este espíritu es el fruto seguro del alma verdaderamente convertida. Tan pronto como uno acude a Cristo nace en el corazón un deseo de hacer saber a otros cuán precioso amigo ha encontrado en Jesús. La verdad salvadora y santificadora no puede permanecer encerrada en el corazón.

Si estamos revestidos de la justicia de Cristo, y rebosamos de gozo por la presencia de su Espíritu que mora en nosotros, no podremos guardar silencio.

Si hemos visto y experimentado que el Señor es bueno, tendremos algo que decir a los demás. Como Felipe cuando encontró al Salvador, invitaremos a otros a ir a él. Procuraremos presentarles los atractivos de Cristo y las realidades invisibles del mundo venidero.

El gozo de la colaboración

Anhelaremos seguir en la senda que Jesús recorrió, y desearemos fervientemente que quienes nos rodean puedan contemplar al «Cordero de Dios, que quita el pecado del mundo» (Juan 1: 29).

El esfuerzo por hacer bien a otros se tornará en bendiciones para nosotros mismos. Éste era el propósito de Dios al darnos una parte que hacer en el plan de la redención. Él ha concedido a los hombres el privilegio de ser hechos participantes de la naturaleza divina y de difundir a su vez bendiciones para sus semejantes. Éste es el honor más alto y el gozo mayor que Dios pueda conferir a los hombres.

Los que así participan en trabajos de amor son los que más se acercan a su Creador.

Dios podría haber encomendado a los ángeles del cielo el mensaje del evangelio y toda la obra del ministerio de amor. Podría haber empleado otros medios para llevar a cabo su propósito. Pero en su amor infinito quiso hacernos colaboradores con él, con Cristo y con los ángeles, para que compartiésemos la bendición, el gozo y la elevación espiritual que resultan de este abnegado ministerio.

La dedicación al prójimo, fuente de felicidad

Somos inducidos a simpatizar con Cristo mediante la participación en sus padecimientos. Cada acto de sacrificio personal en favor de los demás robustece el espíritu de benevolencia en el corazón del dador y lo une más estrechamente con el Redentor del mundo, quien «aunque era rico, por causa de vosotros se hizo pobre, para que mediante su pobreza vosotros llegarais a ser ricos» (2 Corintios 8: 9). Y únicamente mientras cumplamos así el plan que Dios tenía al crearnos podrá ser la vida una bendición para nosotros.

Si trabajáis como Cristo quiere que sus discípulos trabajen y ganen almas para él, sentiréis la necesidad de una experiencia más profunda y de un conocimiento más amplio de lo divino y tendréis hambre y sed de justicia. Rogaréis a Dios y vuestra fe se robustecerá. Vuestra alma beberá en abundancia de la fuente de salvación. El encontrar oposición y pruebas os llevará a leer la Biblia y a orar. Creceréis en la gracia y en el conocimiento de Cristo y adquiriréis una rica experiencia.

El espíritu de trabajo desinteresado en favor de otras personas da al carácter profundidad, estabilidad y una afabilidad semejantes a las de Cristo. Trae paz y felicidad a su poseedor. Las aspiraciones se elevan. No hay lugar para la indolencia ni el egoísmo. Los que de esta manera ejerciten las gracias cristianas, crecerán y se harán fuertes para trabajar por Dios. Tendrán claras percepciones espirituales, una fe firme y creciente, y un mayor poder en la oración. El Espíritu de Dios al mover su espíritu despierta las sagradas armonías del alma en respuesta al toque divino. Quienes así se consagren a un esfuerzo altruista en favor del prójimo estarán colaborando eficazmente en su propia salvación.

La causa de la decadencia

El único modo de crecer en la gracia consiste en hacer desinteresadamente la obra que Cristo nos ordenó realizar: dedicarnos, en la medida que nuestras capacidades nos lo permitan, a auxiliar y beneficiar a los que necesiten la ayuda que podamos darles.

La fuerza se desarrolla con el ejercicio. La actividad es la condición misma de la vida.

Los que se esfuerzan por mantener su vida cristiana aceptando pasivamente las bendiciones comunicadas por los medios de gracia –sin hacer nada por Cristo–, están sencillamente procurando vivir comiendo sin trabajar. Pero el resultado de eso –tanto en el mundo espiritual como en el temporal– es siempre degeneración y decadencia. La persona que rehusara ejercitar sus brazos o sus piernas no tardaría en perder la

facultad de usarlos. Asimismo, el cristiano que no ejercite las facultades que Dios le ha concedido, no sólo dejará de crecer en Cristo, sino que perderá la fuerza que tenía.

La iglesia de Cristo es la agencia establecida por Dios para salvar a los hombres. Su misión es llevar el evangelio al mundo. Esta obligación recae sobre todos los cristianos. Cada uno de nosotros, hasta donde lo permitan sus talentos y oportunidades, tiene que cumplir el mandato del Salvador. El amor de Cristo, que nos ha sido revelado, nos hace deudores de cuantos no lo conocen. Dios nos ha dado luz no sólo para nosotros, sino para que la derramemos también sobre ellos.

Si los seguidores de Cristo comprendiesen su deber, habría millares de heraldos proclamando el evangelio a los paganos donde hoy hay solamente uno. Y todos los que no pudieran dedicarse personalmente a esta labor, la sostendrían con sus recursos, simpatías y oraciones. Y se trabajaría con más ardor en favor de las almas en los países cristianos.

No necesitamos ir a tierras de paganos, ni siquiera dejar el pequeño círculo del hogar, si allí nos retiene el deber, a fin de trabajar por Cristo. Podemos hacerlo en el seno del hogar, en la iglesia, entre aquéllos con quienes nos asociamos y con quienes negociamos.

El trabajo más humilde no es ningún impedimento

Nuestro Salvador pasó la mayor parte de su vida en la tierra trabajando pacientemente en la carpintería de Nazaret. Los ángeles ministradores acompañaban al Señor de la vida mientras caminaba al lado de campesinos y obreros, desconocido y sin honores.

Estaba cumpliendo su misión tan fielmente, mientras trabajaba en su humilde oficio, como cuando sanaba a los enfermos y andaba sobre las olas tempestuosas del mar de Galilea. Así también nosotros –hasta en los deberes más humildes y en las posiciones más bajas de la vida– podemos andar y trabajar con Jesús.

El apóstol Pablo dice: «Cada uno permanezca ante Dios en la condición en que estaba cuando Dios lo llamó» (1 Corintios 7: 24). El hombre de negocios puede dirigir sus asuntos de un modo que por su fidelidad glorifique a su Maestro. Si es un verdadero seguidor de Cristo, pondrá en práctica su religión en todo lo que haga y revelará a los hombres el espíritu de Cristo. El obrero manual puede ser un diligente y fiel representante de Aquél que se fatigó en los trabajos humildes de la vida entre las colinas de Galilea.

Todo aquél que lleva el nombre de Cristo debe actuar de tal modo que otros, viendo sus buenas obras, sean inducidos a glorificar a su Creador y Redentor.

Muchos se excusan de poner sus dones al servicio de Cristo porque otros poseen mejores dotes y ventajas. Ha prevalecido la opinión que, tan solo quienes estén especialmente dotados tienen que consagrar sus habilidades al servicio de Dios. Muchos han llegado a la conclusión de que únicamente cierta clase favorecida recibe talentos y que esto excluye a los demás que, por supuesto, no son llamados a participar de las tareas ni de los galardones. Pero no es ésta la enseñanza de la parábola. Cuando el amo de la casa llamó a sus siervos, dio a cada uno su trabajo.

El mayor poder, el del ejemplo

Con espíritu de amor podemos ejecutar los deberes más humildes de la vida «como para el Señor» (Colosenses

3: 23). Si el amor de Dios está en el corazón se manifestará también en la vida. El suave perfume de Cristo nos rodeará y nuestra influencia elevará y beneficiará a otros.

No debéis esperar mejores oportunidades o capacidades extraordinarias, a fin de empezar a trabajar para Dios. No tenéis que preocuparos de lo que el mundo pensará acerca de vosotros. Si vuestra vida diaria atestigua la pureza y sinceridad de vuestra fe, y si los demás están convencidos de que deseáis hacerles bien, vuestros esfuerzos no serán enteramente perdidos.

Los más humildes y más pobres de los discípulos de Jesús pueden ser una bendición para otros. Tal vez crean que no están haciendo ningún bien especial, pero por su influencia inconsciente pueden iniciar olas de bendición que se extenderán y profundizarán, y cuyos benditos resultados desconocerán hasta el día de la recompensa final. No les parece que estén haciendo algo grande. No tienen por qué cargarse de ansiedad por el éxito. Basta que sigan adelante quedamente, haciendo fielmente la obra que la providencia de Dios les asigne, y su vida no habrá sido inútil. Sus propias almas reflejarán cada vez mejor la semejanza de Cristo. Son colaboradores de Dios en esta vida y se están preparando para la obra más elevada y el gozo sin sombra de la vida venidera.

Cómo nos habla Dios

Programa en 12 pasos

«Los dos lenguajes de la providencia» – Paso Once

El undécimo de los 12 Pasos es: «Mediante la oración y la meditación, tratamos de mejorar nuestro contacto consciente con Dios y le pedimos tan solo la capacidad para reconocer su voluntad y las fuerzas para cumplirla».

Este capítulo, junto con los capítulos restantes, son de apoyo para el paso once. El conocimiento de Dios nos provee información sobre cómo y dónde buscar este conocimiento. Cuanto más comprendamos quién es Dios, mejor será nuestra capacidad para descubrir el conocimiento de su voluntad.

Dios lo sabe todo, y tiene conocimiento completo e ilimitado. Esto significa que el conocimiento de los seres humanos más inteligentes muy limitado en comparación con el conocimiento de Dios.

Este capítulo de *El Camino a Cristo* nos indica que una de las fuentes para el conocimiento de Dios es la naturaleza. El cristiano «reconoce la obra de las manos de su Padre y percibe su amor, en la flor, el arbusto y el árbol. Nadie que no los mire como una expresión del amor de Dios al hombre puede apreciar plenamente la significación de la colina, del valle, del río y del mar». Además de la referencia al uso de Jesús de las ilustraciones extraídas de la naturaleza para ayudar a sus oyentes a comprender las buenas nuevas de la salvación, se menciona que «Él es amante de lo bello, y sobre todo ama la belleza del carácter, que es más atractiva que todo lo externo, y quiere que cultivemos la pureza y la sencillez, gracias características de las flores».

También descubrimos el conocimiento de Dios a través de la forma en que él nos habla cuando dirige nuestras vidas a través de la influencia del Espíritu Santo. Sin embargo, el método más claro para informarnos de quién es él y ayudarnos a entender su carácter y cómo trata a las personas proviene de su palabra escrita, la Biblia. «Cuando leemos la Biblia aprenderemos acerca de sus obras y escuchamos su voz. Si deseáis conocer al Salvador, estudiad las Santas Escrituras».

La última oración de Jesucristo por sus seguidores nos dice que la vida eterna es conocer al único Dios verdadero y a Jesucristo (véase Juan 17: 3). Esto es mucho más que solo conocimiento acerca de quién es Dios; es un conocimiento personal que surge a medida que tratamos a Dios como persona. Este conocimiento viene cuando pasamos tiempo con Jesucristo y su representante, el Espíritu Santo. Es tiempo bien invertido el que pasamos en oración y meditación sobre la vida de Jesús, estudiando su palabra escrita y dando testimonio a otros a través de nuestras vidas y palabras. El resultado será «conocerlo» como un Amigo, que nos ama con amor eterno. Este «conocimiento» será de beneficio y bendición en nuestro crecimiento cristiano y nos preparará para disfrutar la eternidad con Jesucristo y con todos los que lo han seguido fielmente.

Cómo nos habla Dios

Muchas son las maneras por las que Dios procura dársenos a conocer y ponernos en comunión con él. La creación habla sin cesar a nuestros sentidos. El corazón que no tenga prejuicios, quedará impresionado por el amor y la gloria de Dios según los revelan las obras de sus manos. El oído atento puede escuchar y entender las comunicaciones de Dios mediante las realidades de la naturaleza. Los verdes campos, los elevados árboles, los capullos y las flores, la nubecilla que pasa, la lluvia que cae, el arroyo que murmura, las glorias de los cielos, todo habla a nuestro corazón y nos invita a conocer a Aquél que lo hizo todo.

Nuestro Salvador entrelazó sus preciosas lecciones con los elementos naturales. Los árboles, los pájaros, las flores de los valles, las colinas, los lagos y los hermosos cielos, así como los incidentes y las circunstancias de la vida diaria, fueron todos ligados a las palabras de verdad, para que así sus lecciones fuesen traídas frecuentemente a la memoria, aun en medio de los muchos cuidados de la vida afanosa del hombre.

Dios quiere que sus hijos aprecien sus obras y se deleiten en la sencilla y tranquila hermosura con que él adornó nuestra morada terrenal. Es amante de lo bello. Sobre todo ama la belleza del carácter –que es más atractiva que todo lo externo– y quiere que cultivemos la pureza y la sencillez, silenciosas gracias de las flores.

Desde el átomo hasta la galaxia

Las obras que Dios creó nos enseñarán –si queremos prestarles atención– preciosas lecciones de obediencia y confianza. Desde las estrellas –que recorren a través de las edades los derroteros que Dios les asignó y siguen por el espacio su carrera sin estela– hasta el más diminuto átomo, todo en la naturaleza obedece a la voluntad del Creador.

Dios cuida y sostiene todo lo que creó. El que sustenta los innumerables mundos diseminados por la inmensidad, también tiene cuidado del gorrioncillo que entona sin temor su humilde canto. Cuando los hombres van a sus trabajos o están orando, cuando se acuestan por la noche y se levantan por la mañana, cuando el rico se sacia en su palacio, o cuando el pobre reúne a sus hijos alrededor de su escasa mesa, el Padre celestial vela tiernamente sobre cada uno de ellos. No se derrama una lágrima que a Dios se le pase por alto. No hay sonrisa que le pase inadvertida.

Si creyésemos plenamente esto desecharíamos toda ansiedad indebida. Nuestra vida no estaría tan llena de desengaños como ahora, puesto que cada cosa, grande o pequeña, se dejaría en las manos de Dios, el cual no se aturde por la multiplicidad de los cuidados ni se siente abrumado por el peso de los mismos. Entonces gozaríamos de un reposo del alma que muchos desconocen desde hace largo tiempo.

El hogar de los redimidos

Cuando vuestros sentidos se deleiten en la amena belleza de la tierra, pensad en el mundo venidero que nunca conocerá mancha de pecado ni muerte, y donde la faz de la naturaleza no llevará más la sombra de la maldición.

Representaos, en vuestra imaginación, la morada de los salvos y recordad que será más gloriosa que cuanto pueda figurarse la imaginación más fecunda. En los dones variados de Dios en la naturaleza, no vemos sino el reflejo más pálido de su gloria. Como está escrito: «Ningún ojo ha visto, ningún oído ha escuchado, ninguna mente humana ha concebido lo que Dios ha preparado para quienes lo aman» (1 Corintios 2: 9).

Cómo nos habla Dios

El poeta y el naturalista tienen muchas cosas que decir acerca de la naturaleza, pero es el cristiano quien más goza de la belleza de la tierra con la máxima sensibilidad, ya que reconoce la obra de las manos de su Padre y percibe su amor en la flor, el arbusto y el árbol. Quien no los mira como una expresión del amor de Dios al hombre, no puede apreciar plenamente el significado de la colina, del valle, del río y del mar.

En cada circunstancia de nuestra vida nos habla Dios

Dios nos habla mediante las obras de su providencia y la influencia de su Santo Espíritu en el corazón. En nuestras circunstancias y ambiente, así como en los cambios que suceden diariamente en torno nuestro, podemos encontrar preciosas lecciones si nuestros corazones están abiertos para discernirlas.

El salmista, rastreando la obra de la providencia divina, dice: «Su misericordia llena la tierra» (Salmo 33: 5 NBE). «El inteligente, que retenga estos hechos y medite el amor del Señor» (Salmo 107: 43 NBE).

Dios nos habla por su Palabra

Dios nos habla por su Palabra. En ella encontramos, con rasgos más nítidos, la revelación de su carácter, de su proceder con los hombres y de la gran obra de la redención. En ella se nos presenta la historia de los patriarcas, de los profetas y de otros santos hombres de la antigüedad. Ellos estaban sujetos «a pasiones semejantes a las nuestras» (Santiago 5: 17 RVR95).

Allí vemos cómo lucharon entre descorazonamientos como los nuestros, cómo cayeron bajo tentaciones del mismo modo que hemos caído nosotros. Y, sin embargo, cobraron nuevo valor y vencieron por la gracia de Dios.

Recordándolos nos animamos en nuestra lucha por la integridad. Al leer el relato de las preciosas experiencias por las que se les permitió pasar, de la luz, el amor y la bendición que les tocó gozar, y la obra que hicieron por la gracia que se les dio, el espíritu que los inspiró enciende en nuestro corazón un fuego de santa emulación, un deseo de ser como ellos en carácter y de andar con Dios como ellos.

Jesús afirmó de las Escrituras del Antiguo Testamento –¡y cuánto más cierto es esto acerca del Nuevo!–: «¡Y son ellas las que dan testimonio en mi favor!» (Juan 5: 39), el Redentor, Aquél en quien se concentran vuestras esperanzas de vida eterna.

Sí, la Biblia entera nos habla de Cristo. Desde el primer relato de la creación –«sin él nada de lo que ha sido hecho fue hecho» (Juan 1: 3 RVR95)– hasta la última promesa –«¡Mirad que vengo pronto!» (Apocalipsis 22: 12)–, continuamente leemos acerca de sus obras y escuchamos su voz. Si deseáis relacionaros con el Salvador estudiad las Sagradas Escrituras. Llenad vuestro corazón con las palabras de Dios. Son el agua viva que apaga vuestra ardiente sed. Son el pan vivo procedente del cielo. Jesús declara: «Si no coméis la carne del Hijo del hombre ni bebéis su sangre, no tenéis realmente vida». Y al explicarse dice: «Las palabras que os he hablado son espíritu y son vida» (Juan 6: 53, 63).

Nuestros cuerpos viven de lo que comemos y bebemos; y lo que sucede en la vida natural sucede en la economía espiritual: lo que meditamos es lo que da tono y vigor a nuestra naturaleza espiritual.

El tema más grandioso

El tema de la redención es un tema en el cual los ángeles desean profundizar. Será la ciencia y el canto de los redimidos durante las interminables edades de la eternidad. ¿No será, pues un tema digno de atención y estudio ya ahora? La infinita misericordia y el amor de Jesús, así como el sacrificio hecho en nuestro favor, demandan de nosotros la más seria y solemne reflexión. Deberíamos espaciarnos en el carácter de nuestro querido Redentor e Intercesor. Debemos meditar en la misión de Aquél que vino a salvar a su pueblo de sus pecados. Cuando contemplemos así los temas celestiales, nuestra fe y nuestro amor serán cada vez más intensos, y nuestras oraciones más aceptables cada día a Dios, porque se elevarán acompañadas de más fe y de más amor. Serán inteligentes y fervorosas. Habrá una confianza constante en Jesús y una experiencia viva y diaria en su poder de salvar completamente a todos los que acudan a Dios por medio de él.

Cómo nos habla Dios

Mientras meditemos en la perfección del Salvador, desearemos ser enteramente transformados y renovados conforme a la imagen de su pureza. Nuestra alma tendrá hambre y sed de llegar a ser como Aquél a quien adoramos. Cuanto más concentremos nuestros pensamientos en Cristo tanto más hablaremos de él a otros y mejor lo representaremos ante el mundo.

La Biblia no fue escrita solamente para el hombre erudito; al contrario, fue destinada a las personas sencillas. Las grandes verdades necesarias para la salvación están presentadas con tanta claridad como la luz del mediodía; y nadie errará y perderá el camino, salvo aquellos que sigan su propio juicio en vez de la voluntad divina claramente revelada.

No deberíamos conformarnos con el testimonio de hombre alguno en cuanto a lo que enseñan las Sagradas Escrituras, sino que deberíamos estudiar las palabras de Dios por nosotros mismos. Si dejamos que otros piensen por nosotros, nuestra energía quedará mutilada y nuestras facultades restringidas. Las nobles facultades del alma pueden reducirse tanto, por no ejercitarse en temas dignos de su concentración, que lleguen a ser incapaces de penetrar en la profunda significación de la Palabra de Dios. La expansión de la mente se alcanza si se emplea en investigar la relación de los temas de la Biblia, comparando texto con texto y lo espiritual con lo espiritual.

Cómo tener grandeza de espíritu

No existe nada mejor para fortalecer el intelecto que el estudio de la Santa Escritura. Ningún otro libro es tan potente para elevar los pensamientos y dar vigor a las facultades como las vastas y ennoblecedoras verdades de la Biblia. Si se estudiara la Palabra de Dios como es debido, los hombres tendrían una amplitud mental, una nobleza de carácter y una firmeza de propósito que raramente pueden verse en estos tiempos.

No se obtiene más que escaso beneficio de una lectura precipitada de las Escrituras. Uno puede leer toda la Biblia y quedarse, sin embargo, sin captar su belleza o comprender su sentido profundo y oculto. Un texto estudiado hasta que su significado esté claro para el entendimiento y evidentes sus relaciones con el plan de salvación, resulta de mucho más valor que la lectura de muchos capítulos sin un propósito determinado y sin obtener una instrucción positiva. Tened vuestra Biblia a mano. Leedla cuando tengáis oportunidad. Fijad los textos en vuestra memoria. Incluso yendo por la calle podéis leer un texto y meditar en él hasta que se grabe en la mente.

No podemos obtener sabiduría sin una atención indivisa y un estudio con oración. Algunas porciones de la Escritura son en verdad demasiado claras para que puedan ser mal entendidas, pero hay otras cuyo significado no es superficial y no se discierne a primera vista. Se debe comparar un texto con otro texto. Es necesario que haya un escudriñamiento cuidadoso y una reflexión acompañada de oración. Un estudio semejante se verá abundantemente recompensado.

Como el minero descubre vetas de precioso metal ocultas debajo de la superficie de la tierra, así también el que con perseverancia escudriña la Palabra de Dios en busca de sus tesoros escondidos, encontrará verdades del mayor valor ocultas a la vista del buscador negligente.

Las palabras de la inspiración meditadas en el alma serán como ríos de agua que manan de la fuente de la vida. Nunca debería estudiarse la Biblia sin oración. Antes de abrir sus páginas debemos pedir la iluminación del Espíritu Santo. Y nos será dada. Cuando Natanael fue al Señor Jesús, el Salvador exclamó: «Aquí tenéis un verdadero israelita, en quien no hay falsedad». Natanael le dice: «¿De qué me conoces?» Y Jesús respondió: «Antes de que Felipe te llamara, cuando aún estabas bajo la higuera, ya te había visto» (Juan 1: 47-48). Así también nos verá Jesús en los lugares secretos de oración si lo buscamos para que nos dé luz y nos permita saber lo que es la verdad. Los ángeles del mundo de la luz acompañarán a quienes busquen con humildad de corazón la dirección divina.

La voz del Espíritu divino

El Espíritu Santo exalta y glorifica al Salvador. Su misión es presentar a Cristo, la pureza de su justicia y la gran salvación que obtendremos por él. El Señor Jesús dijo hablando del Espíritu: «Tomará de lo mío y os lo dará a conocer a vosotros» (Juan 16: 14).

El Espíritu de verdad es el único maestro eficaz de la verdad divina. ¡Cuánto estimará Dios a la raza humana, puesto que dio a su Hijo para que muriese por ella y manda su Espíritu para que sea de continuo el maestro y guía del hombre!

La comunión con el Creador

Programa en 12 pasos

«¿Puede el hombre comunicarse con la divinidad?» – Paso Once

El undécimo de los 12 Pasos es: «Mediante la oración y la meditación, tratamos de mejorar nuestro contacto consciente con Dios y le pedimos tan solo la capacidad para reconocer su voluntad y las fuerzas para cumplirla».

«¿Puede el hombre comunicarse con la divinidad?» es un capítulo que nos ayuda a comprender la importancia de la oración y la meditación. Así es como mejoramos nuestro contacto consciente con Dios. Al considerar la voz de Dios en la naturaleza, la Biblia y la influencia del Espíritu Santo, y la manera en que él nos guía, debemos darnos cuenta de que «no es suficiente que él nos hable. Si queremos tener vida espiritual y fortaleza, necesitamos expresar nuestro deseo y nuestro amor hacia él».

Nuestra mente puede ser atraída hacia Él; podemos meditar en sus obras, sus misericordias, sus bendiciones; pero esto no es, en el sentido pleno de la palabra, estar en comunión con Él. Para ponernos en comunión con Dios debemos tener algo que decirle tocante a nuestra vida real.

Leeremos que, si esperamos que Dios responda nuestras oraciones, una de las primeras condiciones es que sintamos la necesidad de que él nos ayude. Como Enoc, podemos caminar con Dios a diario mientras hacemos nuestro trabajo. Pablo sugiere que oremos continuamente (1 Tesalonicenses 5: 17). Esto significa mantener abierta la vía de comunicación para que Dios pueda hablarnos en cualquier momento y en cualquier lugar. Así como el piloto de un avión se mantiene en contacto con la torre de control del aeropuerto para que el avión siga en curso y aterrice con seguridad, este paso lo hacemos manteniéndonos en contacto con Dios a través de la oración y la meditación.

El poder para cumplir con la voluntad de Dios en nuestras vidas abarca mucho más que la recarga ocasional de nuestras baterías. Para tener todo el poder necesario para cumplir la voluntad de Dios es necesario mantener un contacto constante con él. Al igual que los trolebuses de muchas ciudades, que deben permanecer en contacto con la electricidad de los cables situados sobre el vehículo, necesitamos estar conectados con el poder de Dios que hace posible cumplir su voluntad.

Dios puede hacer muchísimo más de lo que podemos pedir o pensar (Efesios 3: 20). Pablo, al escribir sobre la capacidad de Dios, no puede encontrar en el lenguaje humano palabras que describan adecuadamente a este Dios todopoderoso que puede hacer por nosotros lo que no podemos hacer por nosotros mismos. Pablo sabía que su fuerza para vivir de acuerdo con la voluntad de Dios dependía del reconocimiento de su impotencia y de sus debilidades para que el poder de Cristo pudiera reflejarse en su vida (ver 2 Corintios 12: 9).

En el final, con admiración por la gracia y el poder de Dios, cantaremos a Dios en su trono: «la alabanza y la honra, la gloria y el poder por los siglos de los siglos» (ver Apocalipsis 5: 13).

La comunión con el Creador

Dios nos habla por la naturaleza y por la revelación, por su providencia y por la influencia de su Espíritu. Pero esto no basta; necesitamos abrirle nuestro corazón. A fin de disponer de vida y energía espirituales es preciso que tengamos un contacto directo con nuestro Padre celestial. La mente puede ser atraída hacia él; podemos meditar en sus obras, sus misericordias y sus bendiciones; pero esto no es, en el sentido pleno de la palabra, estar en comunión con él. Para ponernos en comunión con Dios debemos tener algo que decirle sobre nuestra vida presente.

Orar es el acto de abrir nuestro corazón a Dios como a un amigo. No es que sea esto necesario para que Dios sepa lo que somos, sino a fin de capacitarnos para recibirlo. La oración no hace descender a Dios hacia nosotros, antes bien nos eleva a él. Cuando Jesús estuvo en la tierra enseñó a sus discípulos a orar. Les enseñó a presentar a Dios sus necesidades diarias y a confiarle todas sus preocupaciones. Y la misma seguridad que les dio a ellos de que sus oraciones serían oídas, nos es dada también a cada uno de nosotros.

El ejemplo de nuestro Señor Jesucristo

El mismo Señor Jesús, cuando habitaba entre los hombres oraba frecuentemente. El Salvador se identificó con nuestras necesidades y flaquezas, al convertirse en un suplicante que imploraba de su Padre nueva provisión de fuerza a fin de avanzar vigorizado para el deber y la prueba. Él es nuestro ejemplo en todas las cosas. Es un hermano en nuestras debilidades, tentado en todo así como nosotros, pero, siendo como era sin pecado, su naturaleza se apartó del mal.

Su alma sufrió las luchas y torturas en un mundo de pecado. Como humano, la oración fue para él una necesidad y un privilegio. Encontraba consuelo y gozo en la comunión con su Padre. Y si el Salvador de los hombres –el Hijo de Dios– sintió la necesidad de orar, ¡cuánto más nosotros, mortales débiles y pecadores, deberíamos sentir la necesidad de orar con fervor y constancia!

Nuestro Padre celestial espera derramar sobre nosotros la plenitud de sus bendiciones. Es nuestro privilegio beber abundantemente en la fuente del amor ilimitado. ¡Cuán extraño es que oremos tan poco! Dios está pronto y dispuesto a oír la sincera

oración del más humilde de sus hijos, y, no obstante, somos muy reacios a presentar nuestras necesidades delante de Dios.

¿Qué pueden pensar los ángeles del cielo de unos seres humanos pobres y sin fuerza, sujetos a la tentación, y que, sin embargo, oran tan poco y tienen tan poca fe, cuando el corazón del Dios de infinito amor suspira por ellos y está pronto para darles más de lo que puedan pedir o pensar?

Los ángeles se deleitan en postrarse delante de Dios y en estar cerca de él. Su mayor goce consiste en estar en comunión con Dios. En cambio, los moradores de la tierra –que tanto necesitan la ayuda que sólo Dios puede dar– parecen satisfechos con andar privados de la luz de su Espíritu y del compañerismo de su presencia.

El peligro de descuidar la oración

Las tinieblas del maligno envuelven a quienes descuidan la oración. Las tentaciones solapadas del enemigo los incitan al pecado. Y todo porque no se valen del privilegio divino, que el Señor les ha concedido, de encontrarse con él en oración.

¿Por qué los hijos y las hijas de Dios han de ser tan remisos para orar, cuando la oración es la llave en la mano de la fe para abrir los depósitos del cielo, donde están atesorados los recursos ilimitados de la Omnipotencia?

Sin oración incesante y vigilancia diligente, corremos el riesgo de volvernos indiferentes y de desviarnos del sendero recto. El adversario procura constantemente obstruir el camino al propiciatorio para que no obtengamos –mediante fervientes súplicas y fe– gracia y poder para resistir la tentación.

Las condiciones de la oración eficaz

Hay ciertas condiciones de acuerdo con las cuales podemos esperar que Dios oiga y conteste nuestras oraciones. Una de las primeras es que sintamos necesidad de su ayuda. El Padre celestial nos ha dejado esta promesa: «Regaré con agua la tierra sedienta, y con arroyos el suelo seco» (Isaías 44: 3).

Los que tienen hambre y sed de justicia, los que suspiran por Dios, pueden estar seguros de que serán saciados. El corazón debe estar abierto a la influencia del Espíritu Santo, pues de otra manera no podrá recibir las bendiciones de Dios.

Nuestra gran necesidad es, en sí misma, un argumento e intercede elocuentemente en favor nuestro. Pero es preciso buscar al Señor para que realice todo eso por nosotros. Él nos dice: «Pedid, y se os dará» (Mateo 7: 7). Y «el que no escatimó ni a su propio Hijo, sino que lo entregó por todos nosotros, ¿cómo no habrá de darnos generosamente, junto con él, todas las cosas?» (Romanos 8: 32).

Si toleramos la iniquidad en nuestro corazón, si nos aferramos a algún pecado conocido, el Señor no nos oirá. En cambio, la oración del alma arrepentida y contrita, es siempre aceptada. Cuando hayamos reparado todos nuestros errores conocidos podremos esperar que Dios conteste nuestras oraciones. Jamás nuestros propios méritos pueden recomendarnos a la gracia de Dios. El mérito de Jesús es lo que nos salva y su sangre la que nos limpia; nosotros tenemos, sin embargo, una obra que hacer, a saber: cumplir las condiciones de la aceptación.

La oración eficaz tiene otro elemento: la fe. «En realidad, sin fe es imposible agradar a Dios, ya que cualquiera que se acerca a Dios tiene que creer que él existe y que recompensa a quienes lo buscan» (Hebreos 11: 6). Jesús dijo a sus discípulos: «Creed que ya habéis recibido todo lo que estéis pidiendo en oración, y lo obtendréis» (Marcos 11: 24). ¿Creéis al pie de la letra todo lo que él nos dice?

Cuando nos parezca que nuestras oraciones no son atendidas

La seguridad es amplia e ilimitada. Y el que ha prometido es fiel. Cuando no recibimos precisamente lo que pedimos –y cuando lo pedimos–, es necesario que sigamos creyendo que el Señor oye y contestará nuestras oraciones. Somos tan cortos de vista y tan propensos a errar, que algunas veces pedimos cosas que no serían una bendición para nosotros. Y nuestro Padre celestial contesta con amor nuestras oraciones dándonos aquello que será para nuestro más alto bien, aquello que nosotros mismos desearíamos si pudiéramos ver, alumbrados de celestial saber, todas las cosas como realmente son.

Cuando nos parezca que nuestras oraciones no son atendidas debemos aferrarnos a la promesa, porque el tiempo de recibir contestación ciertamente ha de llegar, y recibiremos las bendiciones que más necesitemos. Por supuesto, pretender que nuestras oraciones sean siempre contestadas en la misma forma, y según la cuestión particular que pidamos, es presunción. Dios es demasiado sabio

para equivocarse y demasiado bueno para retener un bien a los que andan en integridad. Así pues, aunque no veáis inmediata respuesta a vuestras oraciones, no temáis confiar en él. Confiad en la seguridad de su promesa: «Pedid, y se os dará».

Si consultamos con nuestras dudas y temores, o procuramos resolver, antes de tener fe, todo lo que no veamos claramente, las perplejidades se acrecentarán y ahondarán. Pero si nos acercamos a Dios sintiéndonos desamparados y necesitados –como realmente estamos– y, con fe humilde y confiada, presentamos nuestras necesidades a Aquél cuyo conocimiento es infinito, que ve cada cosa de la creación y que todo lo gobierna por su voluntad y su palabra, él –que puede y quiere atender nuestro clamor– hará resplandecer la luz en nuestro corazón.

Por la oración sincera somos puestos en conexión con la mente del Infinito. Quizá no tengamos al instante ninguna prueba evidente de que el rostro de nuestro Redentor se inclina hacia nosotros con compasión y amor. Sin embargo, así es. Tal vez no sintamos su toque manifiesto, pero su mano se extiende sobre nosotros con amor y piadosa ternura.

Cuando vamos a implorar misericordia y bendición de Dios deberíamos tener un espíritu de amor y perdón en nuestro corazón. ¿Cómo podemos orar «perdónanos nuestras deudas, *como también nosotros hemos perdonado* a nuestros deudores» (Mateo 6: 12), y abrigar, sin embargo, un espíritu que no perdona? Si esperamos que nuestras oraciones sean escuchadas, debemos perdonar a los demás del mismo modo y con la misma amplitud que esperamos ser perdonados nosotros mismos.

La constancia en la oración

La perseverancia en la oración es una condición para recibir lo que pedimos. Debemos orar siempre si queremos crecer en fe y en experiencia. Debemos ser «constantes en la oración» (Romanos 12: 12, RVR95). «Dedicaos a la oración: perseverad en ella con agradecimiento» (Colosenses 4: 2).

El apóstol Pedro exhorta a los cristianos: «Para orar bien, manteneos sobrios y con la mente despejada» (1 Pedro 4: 7). El apóstol Pablo aconseja: «En toda ocasión, con oración y ruego, presentad vuestras peticiones a Dios y dadle gracias» (Filipenses 4: 6). Dice el apóstol Judas Tadeo: «Pero vosotros, amados [...], orando en el Espíritu Santo, conservaos en el amor de Dios» (Judas 20-21 RVR95).

Orar sin cesar es mantener una unión continua del alma con Dios, de modo que la vida de Dios fluya a la nuestra, y de nuestra vida la pureza y la santidad refluyan a Dios.

Es necesario ser diligentes en la oración. No permitáis que nada os lo impida. Haced cuanto podáis para que haya una comunión continua entre el Señor Jesús y vuestra alma. Aprovechad toda oportunidad de ir adonde haya costumbre de orar. Los que realmente están procurando mantenerse en comunión con Dios, asistirán a los cultos de oración, serán fieles en cumplir su deber, y estarán ávidos y ansiosos por cosechar todos los beneficios que puedan alcanzar. Aprovecharán toda oportunidad de colocarse donde puedan recibir rayos de luz celestial.

¿Dónde está la vida del alma?

Debemos orar también en el círculo de nuestra familia. Y sobre todo, no descuidar la oración privada, porque es la vida del alma. Es imposible que el alma florezca cuando se descuida la oración. La oración pública o con la familia no son suficientes. En medio de la soledad abrid vuestra alma al ojo penetrante de Dios. La oración secreta sólo debe ser oída por el Dios que oye las plegarias. Ningún oído curioso debe recibir el peso de tales peticiones.

En la oración privada el alma está libre de las influencias del ambiente y de la excitación. Tranquila y fervientemente se elevará la oración hacia Dios. Dulce y permanente será la influencia que dimana de Aquél que ve en lo secreto, cuyo oído está abierto a la oración que brota del corazón. Por una fe sencilla y serena, el alma se mantiene en comunión con Dios, y recoge los rayos de la luz divina, para fortalecerse y sostenerse en la lucha contra Satanás. Dios es el alcázar de nuestra fortaleza.

Orad en vuestra alcoba. Mientras atendéis el trabajo cotidiano levantad frecuentemente vuestro corazón a Dios. Así fue como anduvo Enoc con Dios. Estas oraciones silenciosas suben como precioso incienso ante el trono de la gracia. Satanás no puede vencer a aquél cuyo corazón está así apoyado en Dios.

No hay tiempo o lugar en que sea impropio ofrendar una petición a Dios. No hay nada que pueda impedirnos elevar nuestro corazón en el espíritu de la plegaria ferviente. En medio de las multitudes de las calles o en una transacción comercial, podemos elevar a Dios una oración e implorar la dirección divina, como lo hizo Nehemías cuando presentó su demanda delante del rey Artajerjes. Dondequiera que estemos podemos aislarnos para estar en comunión con Dios. Deberíamos tener abierta de continuo la puerta del corazón, con nuestra invitación elevándose a Jesús, para que venga y more en nuestra alma como huésped celestial.

Cómo cambiar un ambiente impuro

Aunque estemos rodeados de una atmósfera corrompida y mancillada no necesitamos respirar sus miasmas; antes bien podemos aspirar el aire puro del cielo. Elevando el alma hasta la presencia de Dios, mediante la oración sincera, podemos cerrar todas las puertas a toda imaginación impura y a todo pensamiento impío. Los que tengan su corazón abierto para recibir el apoyo y la bendición de Dios, andarán en una atmósfera más santa que la de la tierra y tendrán constante comunión con el cielo.

Necesitamos tener ideas más claras acerca de Jesús y una comprensión más completa del valor de las realidades eternas. La hermosura de la santidad ha de saturar el corazón de los hijos de Dios y, para que esto suceda, debemos buscar las revelaciones divinas de lo celestial.

Que el alma se sienta atraída hacia arriba, para que Dios nos conceda aspirar la atmósfera celestial. Podemos mantenernos tan cerca de Dios que, en cualquier aflicción inesperada, nuestros pensamientos se dirijan hacia él tan naturalmente como la flor se dirige hacia el sol.

Contadle vuestras penas a Jesús

Presentad a Dios vuestras necesidades, tristezas, gozos, cuidados y temores. No podéis agobiarlo ni fatigarlo. El que tiene contados los cabellos de vuestra cabeza no es indiferente a las necesidades de sus hijos. «El Señor es muy compasivo y misericordioso» (Santiago 5: 11). Su corazón de amor se conmueve por nuestras tristezas, e incluso por la presentación de ellas. Llevadle todo lo que perturbe vuestra mente. Nada es demasiado grande para que él no lo pueda soportar, pues sostiene los mundos y rige todos los asuntos del universo. Nada, que de alguna manera afecte nuestra paz, es demasiado pequeño para que él no lo note. No hay en nuestra experiencia ningún pasaje tan oscuro que él no lo pueda leer, ni perplejidad demasiado difícil que él no la pueda desenredar. Ninguna calamidad puede acaecer al más pequeño de sus hijos, ninguna ansiedad puede inquietar al alma, ningún gozo alegrar, ninguna oración sincera escaparse de los labios, sin que el Padre celestial lo note y sin que se tome en ello un interés inmediato.

«Restaura a los abatidos y cubre con vendas sus heridas» (Salmo 147: 3). Las relaciones entre Dios y cada alma, son tan personales y plenas como si no hubiese otra alma en la tierra que compartiese su cuidado, y por la cual hubiera dado a su Hijo amado.

Jesús decía: «En aquel día pediréis en mi nombre. Y no digo que voy a rogar por vosotros al Padre, ya que el Padre mismo os ama» (Juan 16: 26-27). «Yo os escogí a vosotros [...]. Así el Padre os dará todo lo que le pidáis en mi nombre» (Juan 15: 16).

Orar en el nombre de Jesús es algo más que mencionar simplemente su nombre al principio y al final de la plegaria. Es rogar con la mente y con el espíritu de Jesús creyendo en sus promesas, confiando en su gracia y haciendo sus mismas obras.

Ora et labora

Dios no pide que algunos de nosotros –a fin de consagrarnos a los actos de adoración– nos hagamos ermitaños o monjes, ni que nos retiremos del mundo. Nuestra vida debe ser como la vida de Cristo, que estaba repartida entre el monte y la multitud. El que no hace nada más que orar, pronto dejará de hacerlo, o sus plegarias llegarán a ser una rutina formal.

Cuando los hombres se alejan de la vida social, de la esfera del deber cristiano y de la obligación de llevar su cruz –cuando dejan de trabajar fervorosamente por el Maestro que trabajó con ardor por ellos– pierden lo esencial de la oración y no tienen ya estímulo para la devoción. Sus oraciones llegan a ser individualistas y egoístas. No pueden orar por las necesidades de la humanidad o la extensión del reino de Cristo ni pedir fuerza para trabajar.

Sufrimos una pérdida cuando descuidamos la oportunidad de congregarnos para fortalecernos y animarnos mutuamente en el servicio de Dios. Las verdades de su Palabra pierden en nuestras almas su vivacidad e importancia. Nuestros corazones dejan de ser alumbrados y vivificados por la influencia santificadora, y nuestra espiritualidad declina.

En nuestro trato como cristianos perdemos mucho por falta de simpatía mutua. El que se encierra completamente dentro de sí mismo no ocupa el lugar que Dios le señaló. El cultivo apropiado de los elementos sociales de nuestra naturaleza nos hace simpatizar con otros, y es para nosotros un medio de desarrollarnos y fortalecernos en el servicio de Dios.

Si los cristianos se asociaran, y hablasen unos a otros del amor de Dios y de las preciosas verdades de la redención, sus corazones cobrarían nuevas fuerzas y se confortarían mutuamente. Diariamente podemos aprender más de nuestro Padre celestial y obtener una nueva experiencia de su gracia. Entonces desearemos hablar de su amor. Al hacer esto se avivará y animará nuestro corazón. Si pensásemos y hablásemos más de Jesús y menos de nosotros mismos, sentiríamos mucho más su presencia.

Levantemos nuestros ojos

Si tan solo pensásemos en Dios tantas veces cuantas tenemos evidencias de su cuidado para con nosotros, lo tendríamos siempre presente en nuestros pensamientos y nos deleitaríamos en hablar de él y en alabarlo.

Hablamos de las cosas temporales porque sentimos interés por ellas. Hablamos de nuestros amigos porque los queremos y porque nuestras tristezas y alegrías están ligadas con ellos. Tenemos, sin embargo, razones infinitamente mayores para amar a Dios que para amar a nuestros amigos terrenales, y debería ser la cosa más natural del mundo darle el primer lugar en nuestros pensamientos, hablar de su bondad y contar de su poder.

Los ricos dones que ha derramado sobre nosotros, no estaban destinados a absorber nuestros pensamientos y nuestros afectos de tal manera que nada tuviéramos que dar a Dios, al contrario, deberían inducirnos a acordarnos constantemente de él y unirnos por vínculos de amor y gratitud a nuestro celestial benefactor.

Vivimos demasiado apegados a lo terreno. Levantemos nuestros ojos hacia la puerta abierta del santuario celestial donde la luz de la gloria de Dios resplandece en el rostro de Cristo, quien «puede salvar por completo a los que por medio de él se acercan a Dios» (Hebreos 7: 25).

Necesitamos alabar más a Dios, «por su gran amor, por sus maravillas en favor nuestro» (Salmo 107: 8).

Nuestros ejercicios devocionales no deben consistir solamente en pedir y recibir. No hemos de estar pensando siempre en nuestras necesidades y nunca en los

beneficios que recibimos. Jamás oramos demasiado, pero siempre somos muy parcos en dar gracias. Constantemente estamos recibiendo las misericordias de Dios y, sin embargo, ¡cuán poca gratitud expresamos y cuán poco lo alabamos por lo que ha hecho en nuestro favor!

Hay gozo en el servicio a Dios

Antaño el Señor ordenó a Israel, para cuando se congregara a fin de rendirle culto, lo siguiente: «Allí comeréis tú y tu familia, en presencia del Señor, vuestro Dios, y festejaréis todas las empresas que el Señor, tu Dios, haya bendecido» (Deuteronomio 12: 7 NBE). Lo que se hace para gloria de Dios debe hacerse con alegría, con cánticos de alabanza y gratitud, no con tristeza ni abatimiento.

Nuestro Dios es un Padre tierno y misericordioso. No debería considerarse su servicio como un ejercicio penoso o descorazonador. Para nosotros debería ser un placer adorar al Señor y participar en su obra. Dios no quiere que sus hijos –a los cuales proporcionó una salvación tan grande– actúen como si él fuera un amo duro y exigente. Él es su mejor amigo y, cuando lo adoran, quiere estar con ellos para bendecirlos y confortarlos llenando su corazón de alegría y de amor.

El Señor desea que sus hijos hallen consuelo en servirlo y que encuentren más placer que molestias en su obra: Él desea que quienes vengan a adorarlo se lleven pensamientos preciosos acerca de su amor y de su cuidado, a fin de que se sientan alentados en todas las cotidianas labores, de modo que dispongan de gracia para actuar con honestidad y fidelidad en todo.

Es necesario que nos reunamos en torno a la cruz. Cristo –y Cristo crucificado– debe ser el tema de contemplación y de conversación y de nuestra emoción más gozosa. Debemos recordar todas las bendiciones que recibimos de Dios; y al cerciorarnos de su gran amor hemos de estar dispuestos a confiarlo todo la mano que fue clavada en la cruz en nuestro favor.

El alma puede elevarse más cerca del cielo en las alas de la alabanza. Dios es adorado con cánticos y música en las mansiones celestiales. Cuando expresamos nuestra gratitud nos aproximamos al culto que rinden las huestes celestiales. Dios nos dice: «Quien me ofrece su gratitud, me honra» (Salmo 50: 23). Presentémonos, pues, con gozo reverente delante de nuestro Creador, con «acción de gracias y música de salmos» (Isaías 51: 3).

¿Qué hacer con la duda?

Programa en 12 pasos

«¿Qué debe hacerse con la duda?» – Paso Once

El undécimo de los 12 Pasos es: «Mediante la oración y la meditación, tratamos de mejorar nuestro contacto consciente con Dios y le pedimos tan solo la capacidad para reconocer su voluntad y las fuerzas para cumplirla».

Dios no hace que nos sea imposible dudar. Nuestra fe debe descansar en buenas razones, no en una prueba absoluta. Aquellos que desean dudar pueden hacerlo. Hemos llegado al punto de que, si seguimos fielmente *El Camino a Cristo* y el programa de 12 pasos participando en reuniones y con un consejero, no habrá ninguna buena razón sincera para dudar de la capacidad de Dios para liberarnos de nuestro pensamiento adictivo y nuestros comportamientos dañinos.

La experiencia, la fortaleza y la esperanza de los demás en la rehabilitación en 12 pasos y nuestra propia experiencia contribuyen a que confiemos en que Dios, quien comenzó a realizar un buen trabajo en nosotros, continuará hasta que lo complete. Eso será el día en que Cristo Jesús regrese (ver Filipenses 1: 6).

Una frase que a veces se usa para referirse a nuestras dudas y pensamientos de tentación es «pensamiento hediondo». Porque tal pensamiento a menudo nos lleva a dudar si Dios a través de Jesucristo y el Espíritu Santo es nuestro Poder superior. Encontramos la siguiente reafirmación con respecto al trabajo de Dios en nuestras vidas:

> Podemos comprender lo suficiente de su trato con nosotros y los motivos que le impulsan, para discernir en él un amor y misericordia sin límites unidos a un poder infinito. Podemos entender de sus designios cuanto es bueno que sepamos; y más allá de esto debemos seguir confiando en su mano omnipotente y en su corazón lleno de amor.

Hacia el final de este capítulo leeremos que, en la mayoría de los casos, la verdadera causa de la incredulidad (duda) es el amor al pecado. Los pecados que nos asedian (adicciones) son parte de la obra de Satanás para evitar que encontremos la libertad en el poder de Jesucristo para representarlo correctamente.

Podemos regocijarnos de que todas las cosas que nos confundieron en las providencias de Dios serán entonces aclaradas; las cosas difíciles de entender recibirán entonces explicación; y donde nuestro entendimiento finito sólo descubría confusión y designios quebrantados, veremos la más perfecta y hermosa armonía. "Ahora vemos obscuramente, como por medio de un espejo, mas entonces, cara a cara; ahora conozco en parte, pero entonces conoceré así como también soy conocido." (ver 1 Corintios 13: 12).

Es fácil perder la fe cuando nos enfrentamos a los problemas y las preocupaciones de esta vida. Si recaemos, podemos pensar que el programa de 12 pasos no está funcionando. En esos momentos no debería sorprendernos que nuestra fe se debilite y parezca desaparecer. Sin embargo, no debemos preocuparnos. Si no perdemos la esperanza, nuestra fe volverá. Entonces estaremos en mejores condiciones de animar a otros que puedan estar dudando de su experiencia.

¿Qué hacer con la duda?

Muchos –especialmente los que son principiantes en la vida cristiana– se sienten a veces turbados por las insinuaciones del escepticismo. Hay en la Biblia muchas cosas que no pueden explicar ni siquiera percibir, y Satanás las emplea para hacer vacilar su fe en las Sagradas Escrituras como revelación de Dios. Preguntan:

–¿Cómo sabré cuál es el buen camino? Si la Biblia es en verdad la Palabra de Dios, ¿cómo puedo librarme de estas dudas y perplejidades?

Dios nunca nos exige que creamos sin darnos suficiente evidencia sobre la cual fundar nuestra fe. Su existencia, su carácter, la veracidad de su Palabra, todo ello está establecido por pruebas que apelan a nuestra razón, y numerosos son estos testimonios. Dios no ha quitado, sin embargo, toda posibilidad de dudar. Nuestra fe debe reposar sobre evidencias, no sobre demostraciones. Los que quieran dudar tendrán oportunidad de hacerlo, al paso que los que realmente deseen conocer la verdad encontrarán abundante evidencia sobre la cual basar su fe.

¿Puede un ser finito comprender al Infinito?

Es imposible para el espíritu finito del hombre comprender plenamente el carácter de las obras del Infinito. Para el intelecto más perspicaz y para la mente más instruida aquel santo Ser debe siempre permanecer envuelto en el misterio. «¿Pretendes sondear el abismo de Dios o alcanzar los límites del Todopoderoso? Él es la cumbre del cielo: ¿qué vas a saber tú?; es más hondo que el abismo: ¿qué sabes tú?» (Job 11: 7-8 NBE).

El apóstol Pablo exclama: «¡Qué profundas son las riquezas de la sabiduría y del conocimiento de Dios! ¡Qué indescifrables sus juicios e impenetrables sus caminos!» (Romanos 11: 33). Aunque «oscuros nubarrones lo rodean; la rectitud y la justicia son la base de su trono» (Salmo 97: 2), podemos comprender lo suficiente de su trato con nosotros, y los motivos que lo impulsan, para discernir en él un amor y una misericordia sin limites unidos a un poder infinito; y podemos entender de sus planes cuanto conviene que sepamos para nuestro bien. Más allá de esto debemos seguir confiando en su mano omnipotente y en su corazón lleno de amor.

La Palabra de Dios, como el carácter de su divino autor, presenta misterios que nunca podrán ser plenamente comprendidos por seres finitos. La entrada del pecado en el mundo, la encarnación de Cristo, la regeneración, la resurrección y otros muchos asuntos que se presentan en la Biblia son misterios demasiado profundos para que la mente humana los explique, o siquiera los entienda, plenamente. Pero no tenemos motivo para dudar de la Palabra de Dios porque no podamos comprender los misterios de su providencia.

En el mundo natural estamos siempre rodeados de misterios que no podemos profundizar. Incluso las formas más humildes de vida presentan un problema que el más sabio de los filósofos es incapaz de explicar. Por doquier se ven maravillas que se hallan más allá de nuestro alcance. ¿Debemos sorprendernos de que en el mundo espiritual haya también misterios que no podamos sondear? La dificultad estriba únicamente en la debilidad y estrechez de la mente humana. Dios nos ha dado en las Sagradas Escrituras suficiente evidencia de su carácter divino. No debernos dudar de su Palabra porque no podamos entender los misterios de su providencia.

Grandeza y majestad de la Biblia

El apóstol Pedro dice que hay en las Escrituras «puntos difíciles de entender, que los ignorantes e inconstantes tergiversan [...] para su propia perdición» (2 Pedro 3: 16).

¿Qué hacer con la duda?

Los escépticos han presentado las dificultades de las Sagradas Escrituras como argumento contra ellas; pero distan tanto de serlo que constituyen en realidad una poderosa evidencia de su inspiración divina. Si no hubiera en ellas más relatos acerca de Dios que los que fácilmente pudiésemos comprender, si su grandeza y su majestad pudieran ser abarcadas por mentes finitas, entonces la Biblia no llevaría las credenciales inequívocas de la autoridad divina. La misma grandeza y los mismos misterios de los temas presentados deben inspirar fe en la Biblia como la Palabra de Dios.

La Biblia despliega la verdad con tal sencillez, y con una adaptación tan perfecta a las necesidades y los anhelos del corazón humano, que ha asombrado y cautivado a las mentes más cultivadas, al mismo tiempo que capacita al más humilde e inculto para discernir el camino de la salvación. Sin embargo, estas verdades sencillamente declaradas tratan asuntos tan elevados, de tanta trascendencia, tan infinitamente más allá del alcance de la comprensión humana, que sólo podemos aceptarlas porque Dios nos las ha declarado.

Así queda el plan de la redención expuesto delante de nosotros, de modo que toda alma pueda ver los pasos que tiene que dar a fin de arrepentirse ante Dios y tener fe en nuestro Señor Jesucristo; y así salvarse de la manera señalada por Dios. Bajo estas verdades tan comprensibles existen, sin embargo, misterios que son el escondedero de la gloria del Señor, misterios que, a pesar de inspirar fe y reverencia al sincero investigador de la verdad abruman la mente que los indaga. Cuanto más escudriña éste la Biblia tanto más se profundiza su convicción de que es la Palabra del Dios viviente; y la razón humana se postra ante la majestad de la revelación divina.

Reconocer que no podemos entender plenamente las grandes verdades de la Biblia, no es sino admitir que la mente finita no basta para abarcar lo infinito; que el hombre –con su limitado conocimiento humano– no puede comprender los designios de la Omnisciencia.

Un océano sin límites

Los escépticos y los incrédulos rechazan la Palabra de Dios por el hecho de que no pueden sondear todos sus misterios. Y no todos los que profesan creer en ella están exentos de este peligro. El apóstol dice: «Cuidaos, hermanos, de que ninguno de vosotros tenga un corazón pecaminoso e incrédulo que os haga apartaros del Dios vivo» (Hebreos 3: 12).

Es bueno estudiar detenidamente las enseñanzas de la Biblia e investigar «las profundidades de Dios» hasta donde se revelan en ella, porque si bien «lo oculto es del Señor, nuestro Dios», «lo revelado es nuestro» (1 Corintios 2: 10; Deuteronomio 29: 28 NBE). Pero Satanás obra para pervertir las facultades de investigación del entendimiento. Cierto orgullo se mezcla con la consideración de la verdad bíblica, de modo que los hombres, cuando no pueden explicar satisfactoriamente cada porción como quieren, se impacientan y se sienten derrotados. Es para ellos demasiado humillante reconocer que no pueden entender las palabras inspiradas. No están dispuestos a esperar pacientemente hasta que Dios juzgue oportuno revelarles la verdad. Piensan que su humana sabiduría, sin auxilio alguno, es suficiente para capacitarlos y comprender la Biblia y, cuando no lo logran, niegan virtualmente la autoridad del Sagrado Libro.

Desde luego muchas teorías y doctrinas, que popularmente se consideran derivadas de la Biblia, carecen de fundamento en lo que ella enseña, y, en realidad, contrarían todo el contenido de la inspiración. Con ello se ha dado motivo de duda y perplejidad a numerosas mentes. Esto, sin embargo, no es imputable a la Palabra de Dios, sino a los hombres que la han pervertido.

Si fuera posible para los seres creados obtener pleno conocimiento de Dios y de sus obras, no habría ya para ellos, después de lograrlo, ningún futuro descubrimiento de nuevas verdades ni crecimiento del saber, ni desarrollo ulterior de la mente o del corazón. Dios no sería ya supremo; y el hombre, habiendo alcanzado el límite del conocimiento y del progreso, cesaría en su avance. Demos gracias a Dios de que no es así. Dios es infinito; en él «están escondidos todos los tesoros de la sabiduría y del conocimiento» (Colosenses 2: 3). Y por toda la eternidad los hombres podrán estar siempre investigando y aprendiendo sin poder agotar nunca los tesoros de la sabiduría, de la bondad y del poder del Eterno.

El secreto para comprender la Biblia

Dios quiere que incluso en esta vida las verdades de su Palabra se vayan revelando de continuo a su pueblo. No hay más que un modo por el cual alcanzar este conocimiento. Sólo podemos llegar a entender la Palabra de Dios por la iluminación del Espíritu Santo, por el cual fue dada. «Nadie conoce los pensamientos de Dios sino el Espíritu de Dios» (1 Corintios 2: 11), «el Espíritu lo examina todo, hasta las profundidades de Dios» (1 Corintios 2: 10). Y la promesa del Salvador a sus seguidores fue: «Cuando venga el Espíritu de la verdad, él os guiará a toda la verdad, porque no hablará por su propia cuenta sino que dirá sólo lo que oiga y os anunciará las cosas por venir. Él me glorificará porque tomará de lo mío y os lo dará a conocer a vosotros» (Juan 16: 13-14).

Dios desea que el hombre haga uso de su facultad de razonar. El estudio de la Biblia fortalece y eleva la mente como ningún otro estudio puede hacerlo. Con todo, debemos cuidarnos de no deificar la razón, pues está sujeta a las debilidades y flaquezas de la humanidad. Si no queremos que las Sagradas Escrituras estén veladas para nuestro entendimiento, ya que entonces no podríamos comprender ni sus verdades más evidentes, debemos tener la sencillez y la fe de un niñito y estar dispuestos a aprender y a implorar la ayuda del Espíritu Santo.

La vivencia del poder y de la sabiduría de Dios, y la conciencia de nuestra incapacidad para comprender su grandeza, deben inspirarnos humildad. Hemos de abrir su Palabra con santo respeto, como si compareciéramos delante de él. Cuando nos acercamos a la Biblia, la razón debe reconocer una autoridad superior a ella misma, y el corazón y el intelecto deben postrarse ante el gran YO SOY.

Hay muchas cosas aparentemente difíciles y oscuras, que Dios hará claras y sencillas para los que procuren entenderlas. Ahora bien, sin la conducción del Espíritu Santo nos hallaremos de continuo expuestos a torcer las Sagradas Escrituras o a interpretarlas mal.

Muchos leen la Biblia de una manera que no les aprovecha y, hasta en numerosos casos, produce un daño patente. Cuando la Palabra de Dios se abre sin reverencia ni oración, cuando los pensamientos y los afectos no están fijos en Dios, o no armonizan con su voluntad, la mente queda envuelta en dudas, y entonces con el estudio mismo de la Biblia se fortalece el escepticismo. El enemigo controla los pensamientos y sugiere interpretaciones incorrectas.

Siempre que los seres humanos no procuren estar en armonía con Dios en obras y en palabras -por instruidos que sean- quedarán expuestos a errar en la comprensión de las Sagradas Escrituras, y no será seguro confiar en sus explicaciones. Quienes buscan discrepancias en las Escrituras no tienen penetración espiritual. Con visión distorsionada encontrarán muchas razones para dudar y no creer en cosas realmente claras y sencillas.

La causa profunda de no comprender la Biblia

Ahora bien, disfráceselo como se quiera, el amor al pecado es casi siempre la causa real de la duda y el escepticismo. Las enseñanzas y restricciones de la Palabra de Dios no agradan al corazón orgulloso, que ama el pecado; y quienes rehusan obedecer lo que ella requiere tienen propensión a dudar de su autoridad.

Para llegar al conocimiento de la verdad debemos tener un deseo sincero de conocerla y buena disposición de corazón para obedecerla. Todos los que estudien la Biblia con este espíritu encontrarán abundante evidencia de que es la Palabra de Dios, y podrán obtener una comprensión de sus verdades que los hará sabios para alcanzar la salvación.

Cristo dijo: «El que esté dispuesto a hacer la voluntad de Dios reconocerá si mi enseñanza proviene de Dios» (Juan 7: 17).

En vez de dudar y cavilar sobre lo que no entendéis, prestad atención a la luz que ya brilla sobre vosotros y recibiréis mayor luz. Mediante la gracia de Cristo cumplid todos los deberes que sean evidentes a vuestro entendimiento, y seréis capaces de comprender y cumplir aquéllos de los cuales todavía dudáis.

La evidencia suprema

Hay una prueba que está al alcance de todos, tanto del más altamente instruido como del iletrado: la evidencia de la experiencia. Dios nos invita a probar por nosotros mismos la realidad de su Palabra y la veracidad de sus promesas. Él nos dice: «Gustad y ved qué bueno es el Señor» (Salmo 34: 9 NBE). En vez de depender de las palabras de otro tenemos que convencernos por nosotros mismos. Él declara: «Pedid, y recibiréis» (Juan 16: 24). Sus promesas se cumplirán. Nunca han fallado. Nunca pueden fallar. Cuando nos acerquemos a Jesús y nos regocijemos en la plenitud de su amor, nuestras dudas y tinieblas desaparecerán ante la luz de su presencia.

El apóstol Pablo dice que Dios «nos libró del dominio de la oscuridad y nos trasladó al reino de su amado Hijo» (Colosenses 1: 13). Y todo aquél que ha pasado de muerte a vida «certifica que Dios es veraz» (Juan 3: 33) y puede testificar:

¿Qué hacer con la duda?

Necesitaba auxilio y lo he encontrado en Jesús. Fueron satisfechas todas mis necesidades; fue saciada el hambre de mi alma y ahora la Biblia es para mí la revelación de Jesucristo. ¿Me preguntáis por qué creo en él? Porque es para mí un Salvador divino. ¿Por qué creo en la Biblia? Porque he descubierto que es la voz de Dios para mi alma.

Podemos tener en nosotros mismos el testimonio de que la Biblia es verdadera y de que Cristo es el Hijo de Dios. Sabemos que no estamos siguiendo «sutiles cuentos supersticiosos» (2 Pedro 1: 16).

Como la luz del alba

El apóstol Pedro exhorta a los hermanos a crecer «en la gracia y en el conocimiento de nuestro Señor y Salvador» (2 Pedro 3: 18).

En efecto, cuando los hijos de Dios crezcan en la gracia obtendrán constantemente un conocimiento más claro de su Palabra. Discernirán nueva luz y belleza en sus sagradas verdades. Esto es lo que ha sucedido en la historia de la iglesia en todas las edades, y continuará sucediendo hasta el fin. «La senda de los justos se asemeja a los primeros albores de la aurora: su esplendor va en aumento hasta que el día alcanza su plenitud» (Proverbios 4: 18).

Por la fe podemos mirar al más allá y acogernos a las promesas de Dios respecto al desarrollo de la inteligencia, a la unión de las facultades humanas con las divinas, y a la relación directa de todas las potencias del alma con la fuente de luz. Podemos regocijarnos de que, todo lo que nos perturbó acerca de las providencias de Dios, será entonces aclarado. Las cosas difíciles de entender recibirán entonces explicación. Y, donde nuestro entendimiento finito únicamente percibía confusión y propósitos quebrantados, descubriremos la más perfecta y hermosa armonía. «Ahora vemos de manera indirecta y velada, como en un espejo; pero entonces veremos cara a cara. Ahora conozco de manera imperfecta, pero entonces conoceré tal y como soy conocido» (1 Corintios 13: 12).

La fuente de la felicidad

Programa en 12 pasos

«La fuente de regocijo y felicidad» – Pasos Once y Doce

Este capítulo final, «La fuente de regocijo y felicidad», contiene muchas instrucciones que pueden aplicarse al Paso 11 y al Paso 12. La historia del jardín de flores ilustra la importancia de considerar las «promesas de Dios» como «fragantes flores a cada lado de vuestro camino», en contraste con las personas que gastan su tiempo y energía concentradas en las espinas de la vida.

> Las espinas y abrojos sólo os herirán y causarán dolor; y si recogéis únicamente esas cosas y las presentáis a otros, ¿no estáis menospreciando la bondad de Dios e impidiendo que los demás anden en el camino de la vida?

La voluntad de Dios para nosotros es que demos gracias a Dios por las imágenes esplendorosas que nos ha dado, imágenes de lo que Dios a través de Jesucristo ha hecho y hará por nosotros al salvarnos del poder de Satanás y ganar la batalla contra el mal. Con Cristo, estamos en el equipo ganador. Él nos liberará de nuestros pensamientos negativos y conductas dañinas y adictivas. Él nos permitirá representar correctamente su carácter de amor y alegría.

El último de los 12 pasos es: «Habiendo logrado un despertar espiritual como resultado de estos pasos, tratamos de llevar este mensaje a otras personas y practicar estos principios en todas nuestras acciones».

Este Paso 12 se convierte en realidad a medida que ponemos en práctica los principios que se encuentran en los 12 Pasos en todos nuestros asuntos. ¿Cuál es la mejor manera de llevar este mensaje de recuperación centrada en Cristo a los demás? Podemos pensar que esto suena a evangelización tradicional y público. Esta no es la única forma en que podemos «llevar este mensaje a otros».

La palabra evangelización (buenas nuevas) ciertamente se refiere a «llevar el mensaje». Este es un mensaje lleno de esperanza para aquellos que llegan a conocer a Jesucristo como un amigo (Juan 17: 3). Entonces, como Amigo de confianza, pueden invitarlo a estar a cargo de sus vidas.

«Compartir el amor» expresa la idea principal de la evangelización y describe la mejor manera de llevar este mensaje de libertad a través de Cristo a los demás. «Testificar» es compartir el amor de Jesucristo con el poder del Espíritu Santo y dejar que Dios se encargue de los resultados.

El programa de 12 pasos a menudo se conoce como «un programa de atracción en lugar de uno de promoción». Esto será un hecho cuando los siguientes pensamientos al final de este libro inspirado, *El Camino a Cristo*, se hagan realidad en nuestras vidas:

El alma redimida y limpiada de pecado, con todas sus nobles facultades dedicadas al servicio de Dios, es de un valor incomparable; y hay gozo en el cielo delante de Dios y de los santos ángeles por cada alma rescatada, un gozo que se expresa con cánticos de santo triunfo.

La fuente de la felicidad

Los hijos de Dios están llamados a ser representantes de Cristo y a manifestar la bondad y la misericordia del Señor. Así como el Señor Jesús nos reveló el verdadero carácter del Padre, hemos de revelar nosotros a Cristo ante un mundo que no conoce su tierno y compasivo amor. Dijo Jesús: «Como tú me enviaste al mundo, yo los envío también al mundo». «Yo en ellos y tú en mí. [...] y así el mundo reconozca que tú me enviaste» (Juan 17: 18, 23).

El apóstol Pablo dice a los discípulos de Jesús: «Es evidente que vosotros sois una carta de Cristo», «conocida y leída por todos» (2 Corintios 3: 3, 2). En efecto, en cada uno de sus hijos Jesús envía una carta al mundo. Si sois seguidores de Cristo, él envió en vosotros una carta a vuestra familia, a la población o a la calle donde vivís. Jesús, morando en vosotros, quiere hablar a los corazones que no se relacionan con él. Tal vez no lean la Biblia ni oigan la voz que les habla en sus páginas; no ven el amor de Dios en sus obras. Pero, si sois verdaderos representantes de Jesús, es posible que por vosotros sean conducidos a conocer algo de su bondad y lleguen a amarlo y a servirlo.

Los cristianos son como portaluces en el camino que conduce al cielo. Tienen que reflejar sobre el mundo la luz de Cristo que brilla sobre ellos. Su vida y carácter deben ser tales que por ellos otros adquieran un concepto justo de Cristo y de su servicio.

La vida gozosa del cristiano

Si de verdad representamos a Cristo haremos que su servicio resulte atractivo, como en realidad lo es. Los cristianos que llenan su alma de melancolía y tristeza, de murmuraciones y quejas, están representando ante los demás falsamente a Dios y la vida cristiana. Dan la impresión de que Dios no se complace en que sus hijos sean felices; y con ello presentan un falso testimonio de nuestro Padre celestial.

El diablo se regocija cuando puede inducir a los hijos de Dios a la incredulidad y a la desesperación. Se deleita cuando nos ve desconfiar de Dios, y dudar de su buena voluntad y de su poder para salvarnos. Le agrada hacernos creer que, si nos dejamos conducir por el Señor, saldremos perjudicados.

Es obra de Satanás representar al Señor como falto de compasión y piedad. Tergiversa la verdad respecto a él. Llena la imaginación de ideas falsas acerca de Dios; y con demasiada frecuencia, en vez de espaciarnos en la verdad acerca de nuestro Padre celestial, fijamos nuestro pensamiento en las imágenes mentales falsas que de él ofrece Satanás, y deshonramos a Dios desconfiando de él y murmurando contra él. El diablo procura siempre presentar la vida religiosa como una vida lóbrega. Desea hacerla aparecer difícil y fatigosa; y cuando el cristiano, por su incredulidad, presenta en su vida esta perspectiva de la religión, secunda la falsedad de Satanás.

¿Rosas o espinas?

Al recorrer el camino de la vida muchas personas se espacian en sus errores, fracasos y desengaños; y sus corazones se llenan de tristeza y desaliento. Mientras yo estaba en Europa, una hermana, que había estado haciendo esto, y que se hallaba profundamente apenada, me escribió para pedirme algunos consejos que la animaran. La noche que siguió a la lectura de su carta soñé que yo estaba en un jardín y que alguien, que parecía ser el dueño del jardín, me conducía por sus senderos. Yo estaba recogiendo flores y gozando de su fragancia, cuando esa hermana –que había estado caminando a mi lado– me llamó la atención hacia algunos feos zarzales que le estorbaban el paso. Allí estaba ella afligiéndose y

entristeciéndose. No iba por la senda siguiendo al guía, sino que andaba entre espinas y abrojos.

–¡Oh! –se lamentaba–, ¿no es lástima que este hermoso jardín esté echado a perder por las espinas?

Entonces el que nos guiaba dijo:

–No haga caso de las espinas, porque no harán más que herirla. Junte las rosas, los lirios y las clavellinas.

¿No ha habido en vuestra experiencia algunos momentos radiantes? ¿No habéis tenido algunas horas preciosas cuando vuestro corazón palpitó de gozo respondiendo al Espíritu de Dios? Cuando recorréis los capítulos pasados de la experiencia de vuestra vida, ¿no encontráis algunas páginas agradables? ¿No son las promesas de Dios cual fragantes flores que crecen a los lados de vuestro camino? ¿No vais a permitir que su belleza y dulzura llenen vuestro corazón de gozo?

Las espinas y abrojos solamente os herirán y causarán dolor; y si eso es lo único que recogéis y presentáis a los demás, ¿no estáis menospreciando la bondad de Dios e impidiendo además que otros anden por el camino de la vida?

Temas dignos en que pensar

No es sabio reunir todos los recuerdos desagradables de la vida pasada, sus iniquidades y desengaños, para hablar de esos recuerdos y lamentarnos de ellos hasta quedar abrumados por el desaliento. El alma desalentada se llena de tinieblas, desecha de sí misma la luz de Dios y proyecta una sombra en el camino de los demás.

Gracias a Dios por los hermosos cuadros que nos ha presentado. Reunamos las benditas garantías de su amor para recordarlas continuamente: el Hijo de Dios, dejando el trono de su Padre y revistiendo su divinidad con la humanidad para poder rescatar al hombre del poder de Satanás; su triunfo en nuestro favor, abriendo el cielo a los hombres y presentando ante la vista humana la morada de la presencia donde la Deidad descubre su gloria; la raza caída, levantada del abismo de la ruina en que el pecado la había sumergido, puesta de nuevo en relación con el Dios infinito, vestida de la justicia de Cristo y exaltada hasta su trono después de sufrir la prueba divina por la fe en nuestro Redentor. Estos son los cuadros que Dios quiere que contemplemos.

¿Desconfiaríamos de nuestra madre?

Cuando parece que dudamos del amor de Dios y desconfiamos de sus promesas, lo deshonramos y contristamos su Santo Espíritu.

¿Cómo se sentiría una madre cuyos hijos se quejaran constantemente de ella, como si no tuviera buenas intenciones para con ellos, mientras que, en realidad, durante su vida entera ella se ha esforzado por fomentar sus intereses y proporcionarles comodidades? Suponed que dudaran del amor de su madre, ¿no quebrantaría esto su corazón? ¿Cómo se sentiría un padre si sus hijos lo trataran así? ¿Y cómo puede mirarnos nuestro Padre celestial cuando desconfiamos de su amor que lo indujo a dar a su Hijo unigénito para que tengamos vida? El apóstol Pablo escribe: «El que no escatimó ni a su propio Hijo, sino que lo entregó por todos nosotros, ¿cómo no habrá de darnos generosamente, junto con él, todas las cosas?» (Romanos 8: 32).

Y, sin embargo, cuántos están diciendo con sus hechos, si no con sus palabras:

–El Señor no dijo esto para mí. Tal vez ame a otros, pero a mí no me quiere.

La negativa influencia de la duda

Todo esto está perjudicando a vuestra propia alma, pues cada palabra de duda que proferís atrae las tentaciones de Satanás, y hace crecer en vosotros la tendencia a dudar y resulta un agravio de vuestra parte a los ángeles ministradores. Cuando el diablo os tiente, no salga de vuestros labios una sola palabra de duda o de ofuscación. Si elegís abrir la puerta a sus insinuaciones, vuestra mente se llenará de desconfianza y de rebeldes

cavilaciones. Si declaráis vuestros sentimientos, cada duda que expreséis no sólo reaccionará sobre vosotros mismos, sino que será una semilla que germinará y dará fruto en la vida de otros; y quizá sea imposible contrarrestar la influencia de vuestras palabras. Tal vez podáis reponeros vosotros de la hora de la tentación y del lazo del diablo. Pero acaso otros, que hayan sido dominados por vuestra influencia, no alcancen a escapar de la incredulidad que hayáis insinuado. ¡Cuánto importa que expresemos tan solo lo que dé fuerza espiritual y vida!

Cuando estrechéis la mano de un amigo

Los ángeles están atentos para escuchar qué clase de informe dais al mundo acerca de vuestro Maestro celestial. Conversad acerca de Aquél que vive para interceder por nosotros ante el Padre. Esté la alabanza de Dios en vuestros labios y corazones cuando estrechéis la mano de un amigo. Esto atraerá sus pensamientos a Jesús.

Todos tenemos pruebas y aflicciones duras que sobrellevar y fuertes tentaciones que resistir. Pero no las contéis a los mortales, sino llevadlas todas a Dios en oración. Tengamos por norma el no proferir una sola palabra de duda o desaliento. Podemos hacer mucho para alumbrar el camino de los demás y sostener sus esfuerzos si pronunciamos palabras de esperanza y buen ánimo.

Hay muchas almas valientes que están penosamente acosadas por la tentación, casi a punto de desmayar en el conflicto que sostienen consigo mismas y con las potencias del mal. No las desalentéis en su dura lucha. Alegradlas con palabras de valor y de esperanza, que las insten a avanzar. De este modo podéis reflejar la luz de Cristo. «Ninguno de nosotros vive para sí

mismo» (Romanos 14: 7). Por vuestra influencia inconsciente pueden los demás ser o bien alentados y fortalecidos, o bien desanimados y apartados de Cristo y de la verdad.

¿Fue Cristo alegre o triste?

Muchos tienen una idea errónea acerca de la vida y el carácter de Cristo. Piensan que carecía de calor y alegría, que era austero, severo y triste. Para muchos toda la experiencia religiosa se presenta bajo este aspecto sombrío.

A menudo se dice que Jesús lloró, pero que se ignora que sonriera. Nuestro Salvador fue a la verdad varón de dolores y experimentado en aflicciones porque abrió su corazón a todas las miserias de los hombres. Pero aunque fuera la suya una vida de abnegación, ensombrecida por dolores y cuidados, su espíritu no se dejó abrumar por ellos. No había en su rostro una expresión de amargura ni de queja, sino siempre de paz y serenidad. Su corazón era un manantial de vida. Y por donde pasara llevaba descanso y paz, gozo y alegría.

Nuestro Salvador fue profundamente grave e intensamente fervoroso, pero jamás sombrío o huraño. La vida de los que lo imiten estará llena de metas importantes. Tendrán un profundo sentido de su responsabilidad personal. Reprimirán la liviandad. Entre ellos no habrá alborozo tumultuoso ni bromas groseras, pues la religión de Jesús da paz como un río. No extingue la luz del gozo, no impide la jovialidad ni oscurece el rostro alegre y sonriente. Cristo no vino para ser servido, sino para servir, y cuando su amor reine en nuestro corazón seguiremos su ejemplo.

Si vemos faltas en los demás...

Si colocamos en el primer plano de nuestra mente las acciones desagradables e injustas de los demás, encontraremos que es imposible amarlos como Cristo nos amó. Pero si nuestros pensamientos se fijan en el amor y en la compasión admirables de Cristo hacia nosotros, manifestaremos el mismo espíritu para con los demás.

Tenemos que amarnos y respetarnos mutuamente, a pesar de las faltas e imperfecciones que no podemos dejar de observar. Es necesario que cultivemos la humildad y la desconfianza hacia nosotros mismos, y una paciente ternura hacia las faltas ajenas. Esto destruirá todo egoísmo y nos dará un corazón grande y generoso.

El salmista dice: «Confía en el Señor y haz el bien, habita tu tierra y cultiva la fidelidad» (Salmo 37: 3 NBE). Sí, confía en Dios.

Cada día trae sus cargas, sus cuidados y perplejidades; y cuán listos estamos para hablar de nuestras dificultades y pruebas cuando nos encontramos unos con otros. Nos acosan tantos problemas imaginarios, cultivamos tantos temores y expresamos tal peso de ansiedad, que cualquiera podría suponer que no tenemos un Salvador poderoso y misericordioso, dispuesto a oír todas nuestras peticiones y a ser para nosotros una ayuda inmediata en cada hora de necesidad.

Todo el cielo se interesa en tu bienestar

Hay personas que viven continuamente bajo el temor y la aprensión. Todos los días están rodeados de las prendas del amor de Dios, todos los días gozan de las bondades de su providencia, pero pasan por alto estas bendiciones presentes. Sus mentes están espaciándose continuamente en algo desagradable cuya llegada temen. O puede ser que existan realmente algunas dificultades que, aunque pequeñas, cieguen sus ojos a las muchas cosas que demandan gratitud. Las dificultades con que tropiezan, en vez de conducirlos a Dios, -única fuente de su ayuda-, los separan de él, porque despiertan desasosiego y descontento.

¿Hacemos bien en ser de este modo incrédulos? ¿Por qué ser ingratos y desconfiados? Jesús es nuestro amigo. Todo el cielo está interesado en nuestro bienestar. No debemos tolerar que las perplejidades y las congojas cotidianas corroan nuestra alma y ensombrezcan nuestro semblante. Si lo permitimos habrá siempre algo que nos moleste y fatigue. No debemos dar entrada a los cuidados que sólo nos inquietan y agotan, pero no nos ayudan a soportar las pruebas.

Cuando te vayan mal los negocios

Puedes estar perplejo a causa de los negocios. Tu perspectiva puede ser cada día más sombría y puedes estar amenazado de pérdidas. Pero no te descorazones. Confía tus cargas a Dios y permanece sereno y alegre. Pide sabiduría para manejar tus asuntos con discreción, a fin de evitar pérdidas y desastres. Haz todo lo que esté de tu parte para obtener resultados favorables. Jesús te prometió su ayuda, pero sin eximirte de hacer lo que esté de tu parte. Cuando –dependiendo de tu Ayudador– has hecho todo lo que podías, acepta con buen ánimo los resultados.

No es la voluntad de Dios que sus hijos estén abrumados por el peso de la ansiedad. Pero tampoco nuestro Señor nos engaña. No nos dice: "No temáis; no hay peligros en vuestro camino".

Él sabe que hay pruebas y peligros, y nos trata con franqueza. No se propone sacar a sus hijos de en medio de este mundo de pecado y maldad, pero les ofrece un refugio que nunca falla. Su oración por sus discípulos fue: «No te pido que los quites del mundo, sino que los protejas del maligno». «En este mundo tendréis aflicciones, pero ¡tened ánimo! Yo he vencido al mundo» (Juan 17: 15; 16: 33).

Los pajarillos nos enseñan

En su Sermón del Monte Cristo enseñó a sus discípulos preciosas lecciones en cuanto a la necesidad de confiar en Dios. Estas lecciones tenían por fin alentar a los hijos de Dios a través de los siglos, y han llegado a nuestra época llenas de instrucción y consuelo.

El Salvador llamó la atención de sus seguidores a las aves del cielo, que entonan sus trinos de alabanza sin sentirse agobiadas por pensamientos de preocupación, porque «no siembran ni cosechan». Y, sin embargo, el Padre de todos las provee de lo que necesitan. El Salvador pregunta: «¿No valéis vosotros mucho más que ellas?» (Mateo 6: 26).

El gran Proveedor de los hombres y de los animales extiende su mano y abastece a todas sus criaturas. Las aves del cielo no son tan insignificantes que no las tome en cuenta. No les pone el alimento en el pico, pero hace provisión para sus necesidades. Tienen que juntar el grano que él ha esparcido para ellas. Tienen que preparar el material para sus pequeños nidos. Tienen que alimentar sus polluelos. Se dirigen cantando hacia su labor, porque «vuestro Padre celestial las alimenta».

Y «¿no valéis vosotros mucho más que ellas?» ¿No sois vosotros –como adoradores inteligentes y espirituales– de más valor que las aves? El Autor de nuestro ser, el Conservador de nuestra vida, el que nos formó a su propia imagen divina, ¿no suplirá nuestras necesidades si tan solo confiamos en él?

La lección de las flores

Cristo presentaba a sus discípulos las flores del campo, que crecen en rica profusión y lucen la sencilla belleza que el Padre celestial les dio, como una expresión de su amor hacia el hombre. Decía: «Observad cómo crecen los lirios del campo» (Mateo 6: 28). La hermosura y la sencillez de estas flores naturales sobrepasan en excelencia al esplendor de Salomón. El atavío más suntuoso producido por la habilidad artesana, no puede compararse con la gracia natural y la radiante belleza de las flores de la creación de Dios.

Jesús pregunta: «Si así viste Dios a la hierba que hoy está en el campo y mañana es arrojada al horno, ¿no hará mucho más por vosotros, gente de poca fe?» (Mateo 6: 30). Si Dios, el Artista divino provee a las sencillas flores, que perecen en un día, de sus delicados y variados colores, ¿cuánto mayor cuidado no tendrá por aquéllos a quienes creó a su propia imagen? Esta lección de Cristo es un reproche contra la ansiedad, la perplejidad y la duda del corazón sin fe.

El Señor desea tu felicidad

El Señor desea que todos sus hijos sean felices, llenos de paz y obedientes. Jesús dijo: «La paz os dejo; mi paz os doy. Yo no os la doy como la da el mundo. No os angustiéis ni os acobardéis» (Juan 14: 27). «Os he dicho esto para que tengáis mi alegría y vuestra alegría sea completa» (Juan 15: 11).

La felicidad que se procura por motivos egoístas –fuera de la senda del deber– es desequilibrada, incierta y transitoria. Pasa dejando el alma llena de soledad y tristeza. Ahora bien, en el servicio a Dios hay gozo y satisfacción. Dios no abandona al cristiano por caminos inciertos ni lo deja entregado a pesares vanos y a desengaños. Aunque no tengamos los "placeres" de esta vida podemos gozarnos con la esperanza de la vida venidera.

Pero incluso en este mundo los cristianos pueden tener el gozo de la comunión con Cristo, pueden tener la luz de su amor, y el perpetuo consuelo de su presencia. Cada paso de la vida puede acercarnos más a Jesús, puede darnos una experiencia más profunda de su amor y aproximarnos al bendito hogar de paz. No perdáis, pues, vuestra confianza, sino tened una seguridad más firme que nunca antes. «Hasta aquí nos ayudó el Señor» (1 Samuel 7: 12 NBE), y nos ayudará hasta el fin. Miremos las piedras miliares conmemorativas de lo que Dios ha hecho para confortarnos y salvarnos de las manos del destructor. Tengamos siempre presentes todas las tiernas misericordias que Dios nos ha mostrado: las lágrimas que ha enjugado, las penas que ha suavizado, las ansiedades que ha alejado, los temores que ha disipado, las necesidades que ha suplido, las bendiciones que ha derramado, y fortalezcámonos así para todo lo que nos aguarda en el resto de nuestra peregrinación.

No podemos sino prever nuevas perplejidades en el conflicto venidero, pero podemos mirar hacia lo pasado tanto como hacia el futuro, y decir: «Hasta aquí nos ayudó el Señor». «¡Que dure tu fuerza tanto como tus días!» (Deuteronomio 33: 25).

La prueba no excederá a la fuerza que se nos dé para soportarla. Sigamos, por lo tanto, con nuestra labor dondequiera que la hallemos, creyendo que para cualquier cosa que venga, él nos dará fuerza proporcional a la prueba.

En camino hacia un mundo nuevo

Dentro de no mucho tiempo las puertas del cielo se abrirán de par en par para recibir a los hijos e hijas de Dios, y de los labios del Rey de gloria saldrá y resonará en sus oídos, como la música más melodiosa, la bienaventurada invitación. «Venid vosotros, a quienes mi Padre ha bendecido; recibid vuestra herencia, el reino preparado para vosotros desde la creación del mundo» (Mateo 25: 34). Entonces los redimidos recibirán con gozo la bienvenida al hogar que Jesús les está preparando. Allí sus compañeros no serán los viles de la tierra, ni los mentirosos, idólatras, impuros e incrédulos, sino que se relacionarán con los que hayan vencido a Satanás y por la gracia divina hayan formado un carácter perfecto.

Toda tendencia pecaminosa y toda imperfección que los aflige aquí ha sido quitada por la sangre de Cristo, y se les imparte la excelencia y brillantez de su gloria, que excede con mucho a la del sol. Y la belleza moral –la perfección del carácter de Cristo que irradia a través de ellos– supera grandemente este esplendor exterior. Se hallarán sin mancha delante del gran trono blanco compartiendo la dignidad y los privilegios de los ángeles.

Dignidad del ser humano

En vista de la herencia gloriosa que puede ser suya, «¿qué dará el hombre a cambio de su alma?» (Mateo 16: 26 RVR95). Puede ser pobre y, sin embargo, poseer en sí mismo una riqueza y dignidad que el mundo jamás podría proporcionarle.

El alma redimida y purificada del pecado, con todas sus nobles facultades dedicadas al servicio de Dios, es de un valor incomparable. Hay gozo en el cielo, ante la presencia de Dios y de los santos ángeles, por cada alma rescatada, un gozo que se expresa con cánticos de santo triunfo.

ARMIN GLOBAL Y LA TRAVESÍA HACIA LA INTEGRIDAD

La **misión** de ARMin Global es «promover la curación y la libertad de conductas dañinas al proporcionar recursos y capacitación para facilitar la recuperación».

La **visión** de ARMin Global es fomentar en los individuos el deseo de ser «personas sanas que desarrollan una relación con Cristo, usando los principios de la Palabra de Dios y eligiendo prácticas saludables destinadas a liberarlas de los hábitos nocivos y conductas adictivas».

ARMin Global también capacita a individuos para formar grupos de apoyo que sigan los 12 pasos con el enfoque en Cristo en un ambiente seguro y enriquecedor, usando los materiales de Travesía hacia la integridad.

Para obtener más información acerca de Adventist Recovery Ministries (ARMin) Global:

www.AdventistRecoveryGlobal.org o **Recovery@GC.Adventist.org**